이정헌 드림

이정현의 궁중 이유식

건강하고 특별한 우리 아이 첫 밥상

이정현의
궁중 이유식

이정현 지음

카시오페아
Cassiopeia

프롤로그

이정현이 집필하고, 의학박사 아빠가 검증한
"손쉽고 건강한 내 아기 궁중 이유식"

　이 책은 기존의 비슷한 이유식 레시피와는 다릅니다. 내 아기를 좀 더 튼튼하게 키우고 싶어하는 분들과 아이가 이유식을 먹지 않아 속상한 부모들에게 꼭 필요한 책입니다.

　출산 후 3개월 넘게 모유 수유를 하였지만, 날이 갈수록 저희 딸 서아는 모유 먹기를 힘들어했어요. 어쩔 수 없이 분유 수유로 넘어갔지만, 서아는 분유마저도 잘 먹지 않았어요. 그 모습을 보며 제가 얼마나 속상했는지 몰라요. 모든 수를 다 써도 나아지지 않자, 육아에 정말 안 좋은 방법이라는 걸 알면서도 하루 종일 기를 쓰며 젖병을 서아 입으로 들이댔던 것 같아요. 저도 서아도 정말 힘들고 괴로운 시간이었어요. 그러면서 매일같이 이유식 먹일 날만 손꼽아 기다리며 다짐했어요.
　'이유식을 정말 맛있게 만들어서, 못 채운 영양을 이유식으로 보충해 주어야겠다.'
　이후 책과 인터넷 등을 뒤져 궁중 요리 연구 독학에 들어갔습니다. 우리 아기한테 조선시대 왕자·공주들이 먹었던 '궁중 이유식'을 먹여봐야겠다고 생각했어요. 예전에는 화학 조미료가 없었는데 어떤 식재료로 순수한 맛을 냈으며 어떤 식재료를 배합해서 영양가 있게 조리했는지 무척 궁금했거든요.

그래서 우리 선조들의 다양한 식재료와 조리법, 효능 등을 다룬 조선시대 요리 백과사전인 『정조지』와 궁중 도서들을 섭렵하고, 외국 서적들과 현대의 각종 식재료 연구 자료는 물론, 의학박사인 서아 아빠의 현대 의학 검증을 거쳐 이유식 책을 집필했어요.

이유식을 시작한 결과, 서아가 이유식을 너무 잘 먹어 이미 초창기에 하루 160ml씩(보통 정량 50ml) 해치우고 더 달라고 아기 새처럼 입을 벌려댔어요. 내 아기가 잘 먹으니 세상 얼마나 행복했는지 몰라요. 다행히 서아 몸무게도 평균치를 웃돌더니 비만도, 저체중도 아닌 단단하고 튼튼한 아기로 건강하게 성장했어요. 그래서 생각했지요. '아기 입맛도 똑같구나. 그냥 맛있게 만들면 되는구나!'

제가 이전에 요리책도 내고, 제 개인 유튜브 〈이정현의 집밥 레스토랑〉 채널에서도 많은 레시피를 공유했는데요. 모든 음식의 기본인 육수만 잘 만들면 모든 국과 찌개가 최고로 맛있어지듯이 아기 이유식도 마찬가지라는 결론을 얻었어요.

곰솥을 이용하여 육수를 4L씩 만든 뒤 지퍼백 등 냉동 가능한 용기에 얼린 후 필요할 때마다 꺼내 쓰니 정말 간편했어요. 그래서 우리 집 냉동고 두 칸은 모두 서아의 이유식을 위한 육수와 재료로 가득 차 있답니다.

그동안 많은 이유식 책과 블로그 등도 살펴봤는데요, 대부분 초기 아기 육수에 다시마와 멸치를 넣지 말라고 하더라고요. 보통은 중기나 후기 이유식부터 사용하고요. 하지만 저는 그 반대로 생각했어요. 이 감칠맛 나는 재료들을 왜 늦게 사용하지? 약간의 소금기가 돌아 짠맛이 걱정된다면 물에 5분 이상 담갔다가 사용하면 되거든요.

    마늘, 딜, 샤프란, 계피 가루 등 허브의 이용 또한 완료기 이후에 시도하라고 알려져 있지만 외국 서적들을 찾아본 결과 외국 아기들은 5~6개월부터 허브를 먹습니다. 각종 아기 이유식에 토핑은 물론 고기 이유식에 허브를 함께 먹여 여러 맛에 일찍 노출시킵니다.

    아기를 일찍 여러 맛에 노출시키면 편식도 없어지고 두뇌 활동에 좋은 자극을 주기 때문에 건강하고 똑똑한 아기로 성장시킬 수 있다고 합니다. 물론 알레르기에 민감한 아기들이 있을 수 있으니 모든 식재료를 하나씩 차곡차곡 시도해 보는 게 좋겠습니다. 하지만 각 재료에 알레르기 반응이 없다면 곧바로 섞어서 풍부한 베이스의 육수를 빨리 만들어 주세요. 아기가 며칠 굶은 아기 새처럼 입을 쫙쫙 벌리는데 그렇게 사랑스러울 수 없어요.

    또 하나 육수와 재료에 맞는 영양 배합입니다. 소고기, 닭고기, 돼지고기 등의 단백질의 경우 보통 초기와 중기에 20~30ml씩 섭취하지만 저는 초기부터 50~60ml씩 먹였어요. 단백질 외 다른 식재료도 이유식 정량인 10g이 아닌 20~30g씩 두세 배 넣었습니다. 맛과 영양은 더 깊어졌고 풍미는 더욱 풍부해졌으며, 서아에게 배탈이나 부작용 또한 단 한 번도 없었습니다. 매일매일 건강하게 배변을 하는 우리 서아가 얼마나 이쁘고 고마웠는지 몰라요.

    모든 레시피는 항상 의학박사인 서아 아빠의 지식과 검증을 총동원하여 두 번 체크한 후 시도하였습니다. 또한 다른 서적에서는 쉽게 찾아볼 수 없는, 아기가 아플 때 이유식과 이유식 정체기 때의 저만의 해법, 응급 처치 등 아기를 키우는 부모들의 집에 필수적인 책이 되기 위해 이유식 레시피와 함께 남편의 검증을 받아 종합적으로 집필해 보았습니다. 저와 서아 아빠는 이 책으로 많은 아기들이 우리 서아처럼 건강하게 자랐으면 하는 바람입니다.

이제부터 여러분에게 우리 서아에게 먹였던 모든 레시피를 공유해 드리겠습니다.

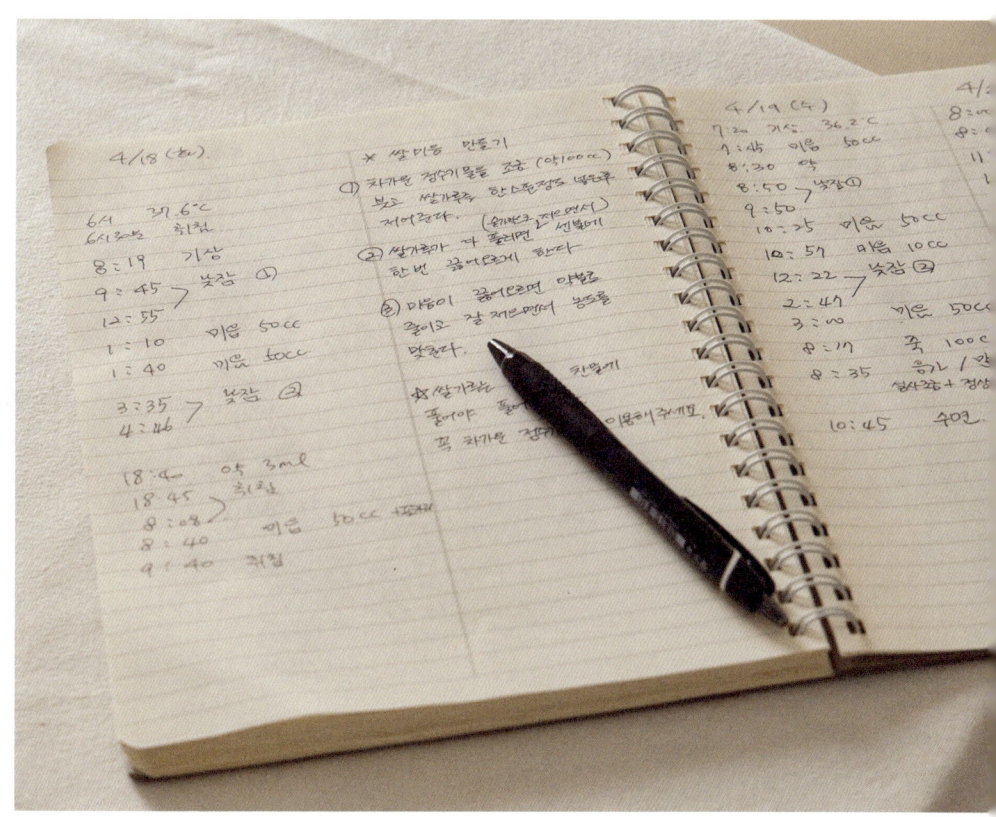

목차

프롤로그 005

들어가며

- 우리 아기 위생을 위해 준비해주세요 030
- 이유식 도구는 이렇게 사용했어요 032
- 조리도구 세척법 및 길들이기 038
- 계절 식재료를 알아봐요 042
- 식재료 궁합을 알아봐요 044
- 종이컵, 순가락으로 간단하게 계량하기 048
- 각 시기별 이유식 농도 한눈에 확인하기 050
- 이유식 시작 전에 꼭 읽어주세요 052

이정현표 육수와 아기용 양념

소고기육수 058
멸치다시마육수 060
멸치다시마건새우육수 062
채소육수 064
구기자육수 066
닭육수 068
조개다시마육수 070
곰탕육수 072
아기용 맛가루(천연 조미료) 074
아기용 소금 076
아기용 간장 078
아기용 된장 080
아기용 토마토케첩 082
아기용 토마토김치 084
아기용 백김치 086

초기 이유식

- 『정조지』에 기록된 이유식 주요 식재료 : 초기 090

초기 1단계 이유식
- 초기 1단계 이유식 특징 094
  - 쌀미음 096
  - 쌀퀴노아미음 098
  - 쌀무미음 100
  - 쌀감자미음 102
  - 쌀배추무미음 104
  - 쌀오이미음 106
  - 쌀상추미음 108
  - 쌀표고버섯미음 110
  - 쌀브로콜리미음 112
  - 쌀브로콜리양파미음 114
  - 쌀단호박미음 116

초기 2단계 이유식
- 초기 2단계 이유식 특징 118
  - 소고기퀴노아미음 120
  - 소고기미역연두부죽 122
  - 소고기시금치참깨죽 124
  - 소고기비트연두부죽 126
  - 소고기감자브로콜리죽 128
  - 소고기애호박당근죽 130
  - 소고기아욱표고버섯죽 132
  - 소고기연두부들깨죽 134
  - 소고기케일사과죽 136
  - 소고기단호박사과죽 138

초기 이유식 간식
  - 떡뻥 142
  - 초간단 치즈과자 144
  - 식빵우유죽 146
  - 사과퓨레 148
  - 배퓨레 150
  - 고구마퓨레 152
  - 바나나퓨레 154
  - 브로콜리고구마퓨레 156
  - 아스파라거스감자퓨레 158
  - 과일우유퓨레 3종 160
  - 플레인요거트와 퓨레 162

중기 이유식

- 『정조지』에 기록된 이유식 주요 식재료 : 중기 166

중기 1단계 이유식

- 중기 1단계 이유식 특징 168

  닭고기브로콜리팽이버섯죽 172

  소고기콜리플라워고구마죽 174

  닭고기단호박올리브유 176

  소고기단호박브로콜리죽 178

  대구오징어양파죽 180

  닭고기감자마늘브로콜리죽 182

  소고기연근당근죽 184

  닭고기달걀시금치죽 186

  오리고기단호박부추죽 188

  대구새우배추죽 190

중기 2단계 이유식

- 중기 2단계 이유식 특징 192

  돼지고기양파버섯죽 194

  소고기아욱표고버섯죽 196

  닭고기양파우유바질죽 198

  대구적채두부죽 200

  돼지고기양파복분자죽 202

  소고기토마토치즈바질죽 204

  소고기비트브로콜리죽 206

  닭고기청경채고구마양파타임죽 208

  소고기두부양파당근마늘죽 210

  대구새우무죽 212

중기 이유식 간식

구운버터바나나 216

유자마들렌 218

단호박빵 220

땅콩버터샌드 222

채소스틱 224

두유 226

후기 이유식

- 『정조지』에 기록된 이유식 주요 식재료 : 후기 230

후기 이유식

- 후기 이유식 특징 232

  감자양배추소고기진밥 236
  연어감자시금치진밥 238
  대구새우무진밥 240
  닭고기두부당근브로콜리진밥 242
  소고기낙지부추진밥 244
  새우브로콜리단호박진밥 246
  소고기주먹밥·달걀노른자주먹밥 248
  새우달걀주먹밥 250
  소고기콩나물밥 252
  누룽지·간장불고기 254
  퀴노아쌀밥·두부로 하는 돼지비지찌개 256
  소고기뭇국·퀴노아쌀밥 258
  소고기크림리조또 260
  찐 감자·채끝등심 262
  두부채소계란지짐이 264

후기 아기 반상

  순두부찌개·생선구이·아기용 토마토김치 268
  된장국·메로구이·계란찜·콩나물무침 270
  소고기전복뭇국·브로콜리새우볶음·아기용 백김치 272
  계란국·소고기죽순버섯볶음·아기용 백김치 274
  대구뭇국·돼지고기동그랑땡·아기용 백김치 276
  대구뭇국·소고기동그랑땡·시금치나물 278

후기 이유식 간식

  닭가슴살치킨 282
  팬케이크 284
  달걀아보카도샌드위치 286
  감자치즈크로켓 288
  베이컨미니핫도그·아기용 토마토케첩 290
  프렌치토스트 292
  돼지고기사과퓨레 294
  치즈마카로니 296

완료기 이유식

- 『정조지』에 기록된 이유식 주요 식재료 : 완료기 300

완료기 이유식

- 완료기 이유식 특징 302

  소고기비트새송이버섯솥밥 304

  닭가슴살표고버섯파프리카솥밥 306

  흰살생선조개부추솥밥 308

  볼로네제파스타 310

  멸치애호박잔치국수 312

  소고기채소두부카레 314

  새우전복크림파스타 316

  봉골레파스타 318

마마즈파스타 320

콩국수 322

새우계란볶음밥 324

소고기전복브로콜리볶음밥 326

육전 328

애호박당근채소국수·크림닭소스 330

닭가슴살브로콜리볶음국수 332

꽃게찜·퀴노아밥 334

아기와 함께 특별하고 간단한 디너차림

연어스테이크·버터시금치·감자슬러시 338

소고기스테이크·버터시금치·감자슬러시 340

돼지고기돈가스·버터시금치·감자슬러시 342

닭고기스테이크·버터시금치·감자슬러시 344

특별한 이유식

아플 때 이유식
닭죽 348
찹쌀퀴노아미음 350
찹쌀퀴노아배미음 352
감자우유수프 354
고구마우유수프 356
단호박우유수프 358
찹쌀퀴노아단호박죽 360

변비일 때 이유식
소고기아욱비트죽 362
소고기양배추콜라비죽 364

• 이유식 정체기일 때 366

의학박사 서아 아빠에게 묻고 싶습니다 372
의학박사 서아 아빠의 정형외과 진료 376

감수자의 말 380
부록_ 신체발육 표준치 382

들어가며

우리 아기 위생을 위해 준비해주세요

아기의 위생을 위해 아래 네 가지는 꼭 구비해주세요. 인터넷으로 한 번에 대량 구입하는 게 가성비 면에서 좋습니다.

1. 베이킹소다

각종 음식물의 기름때나 과일, 채소 등을 잔여 세제 위험 없이 안전하고 깨끗하게 씻어낼 수 있어요. 베이킹소다와 물을 2:1로 섞은 뒤 뿌려주면 각종 묵은 기름때나 냄새 제거에 탁월한 효과가 있어요. 장마철 매트리스에서 퀴퀴한 냄새가 난다면 베이킹소다를 뿌리고 30분 후 진공청소기로 빨아들이세요. 냄새가 다 제거될 거에요.

2. 식초

1.5L 대용량을 2,000~3,000원 대에 구입할 수 있어요. 구비해 두시고 설거지 시 주방세제와 섞어 사용해주세요. 나무식기 등을 세척할 때도 좋구요. 닭이나 생선, 고기 요리 후 싱크대나 수전을 소독할 수도 있어요. 과일이나 채소를 씻을 때도 식초 두세 방울을 넣으면 살균이 되니 좋아요. 단 15분 이상 오래 담가두지는 마세요. 아직 의견이 분분하지만, 영양소가 파괴될 위험이 있다고 합니다.

3. 1급 주방세제

계면활성제가 안 섞인 제품을 고르는 게 좋아요. '채소와 과일 세척 가능'이라고 표기된 순한 제품을 구입해주세요. 하지만 저는 안전하다는 1급 주방세제라 하여도 과일 및 채소는 못 닦겠더라고요. 과일 및 채소의 경우 섭취 가능한 베이킹소다를 이용하거나 식초에 담근 후 여러 번 헹궈내어 세척했습니다.

4. 구연산

시중에 나와 있는 좋다는 섬유유연제들이 사실 석유 찌꺼기로 만들어진 것이 대부분이라는 사실 아셨나요? 그래서 저는 아기 옷 세탁 시, 섬유유연제 대신 구연산을 넣어요. 그러면 옷들과 수건들이 사각사각거리며 얼마나 깨끗하고 순해지는지 몰라요. 섭취 가능한 확실하고 안전한 살균 소독에 섬유도 망가지지 않고 부드러워져요.

또한 우리가 좋아하는 섬유유연제 등에 섞인 인공적인 향들이 성인이나 아기의 폐에 안 좋은 영향을 끼친다고 해요. 아기 몸에서 나는 우리 아기 향이 제일 좋아요. 그래서 저는 웬만해서는 향수도 안 뿌리고 가끔 천연 향수 등만 뿌리거나 해요. 하지만 천연 향수라 해도 아기 있는 집이라면 무조건 무향이 좋습니다.

뿐만 아니라 구연산은 아기 분유포트나 각종 냄비들을 소독 및 세척할 때 이용할 수 있어요. 아기 살균소독제를 만들어서 아기 장난감이나 이불 식탁 바닥 등 모든 곳을 자연적으로 소독할 수 있어요.

> **TIP**
> **섭취해도 무해하고 여러모로 유용한 '구연산 살균 소독제' 만들기**
> ① 분무 용기를 준비해주세요(생활용품할인점에서 2,000원대에 구매할 수 있어요).
> ② 분무 용기에 물 500ml와 구연산 25g을 넣고 잘 흔들어 녹여주세요.
> ③ 만들어 준 소독제는 2주 안으로 바꿔주세요.

이유식 도구는 이렇게 사용했어요

아래 소개하는 것들은 있으면 편하고 좋지만, 필수는 아닙니다. 새로 구입할 필요 없이 집에 있는 조리 도구들로 충분히 이유식을 만들 수 있어요.

믹서기(30,000~200,000원)

믹서기는 필수적인 도구라고 해도 과언이 아닙니다. 아기에게는 모든 음식을 잘게 다지거나 으깨서 줘야 하기 때문입니다. 하지만 만약 믹서기가 없다면 칼과 도마, 다른 도구들을 이용하여 요리할 수도 있어요. 다만 시간과 정성이 더 많이 들어가기 때문에 육체적인 부담이 커지므로 믹서기를 추천드립니다.

만약 믹서기가 없다면 초기 이유식 시 쌀가루를 비싸게 구입하거나 방앗간에서 갈아와야 하는 번거로움이 있으며, 매끼 섭취해야 하는 소고기의 경우 다진 것보다 진흙처럼 더 곱게 갈아야 하기 때문에 소고기도 정육점에서 갈아 와야 하는 부담도 있어요.

믹서기가 있으면 이유식이 끝나더라도 어른들의 채소주스 등을 만들 때 유용하게 사용할 수 있어요.

찜기(4,000~ 50,000원)

스테인리스 제품이나 편백나무로 만든 제품을 추천드립니다. 단 너무 저렴한 편백나무 제품의 경우 본드로 이음새를 이은 게 있더라고요. 본드를 섭취하게 될 경우 너무 위험하니 꼭 꼼꼼히 제품을 살펴주세요.

이유식 보관 용기(10,000~50,000원)

꼭 이유식 보관 용기를 세트로 구입할 필요는 없어요. 집에 있는 용기들로도 충분해요. 대신 눈금 표시가 없어 저울로 양을 확인해야 하는 번거로움이 있습니다. 저는 저울로 양을 한번 잰 후 그다음부터는 눈대중으로 용기에 담아놓기도 했어요. 가끔 눈대중으로 용기에 담다가 저울에 재보면 신기하게도 양이 정확했어요. 3일 안에 섭취할 계획으로 냉장고 보관을 할 경우 큰 용기에 이유식을 한꺼번에 담아놓은 후 작은 용기 하나를 이용하여 양을 재고 먹였어요.

저울을 구입하기 곤란하시다면 제가 표기해놓은 큰술이나 종이컵 양(p.048)으로 확인하셔도 돼요.

> **TIP**
> 원래 쓰던 용기를 아기 전용 용기로 사용하려 해도 용기에 반찬 냄새나 김치 냄새 등이 배어 있다면, 굵은 소금 반 큰술 넣고 흔든 후 세척해 주세요. 냄새들이 감쪽같이 사라져요!

냄비(10,000원 안팎)

1.5L 이상의 냄비가 있으면 돼요. 이유식을 시작한다고 따로 편수 냄비 등을 굳이 구입할 이유는 없습니다. 집에 있는 냄비를 활용하세요. 하지만 우리 아기를 위한 작은 선물 혹은 기분 전환용으로 이쁜 아기용 냄비를 구입하셔도 좋습니다.

절구(4,000원~)

잣이나 깨 등 절구로 빻을 요리가 가끔 있는데요, 구입을 원치 않으신다면 비닐봉지에 넣고 둥근 국자 뒷면이나 밀가루 밀대 끝부분을 이용하여 빻아도 됩니다.

으깨기(매셔) 혹은 포크(7,000원 안팎)

으깨기가 있지만 항상 바쁘게 이유식을 준비하다 보니 저는 손에 빨리 잡히는 큰 포크를 이용했어요. 삶은 감자나 고구마, 달걀, 토마토 등을 으깰 때 자주 사용해요. 하지만 포크가 이미 있고, 포크로도 충분하다면 굳이 으깨기를 구입할 필요는 없습니다.

강판(1,000~20,000원)

아기 간식이나 과일퓨레 등을 만들 때 간편해요. 사과나 배의 경우 강판이 없으면 저희 어머니가 먹였던 방식으로 숟가락을 이용해 긁어 먹이기도 했어요. 하지만 가격도 저렴하니 하나 장만해 놓으면 이유식 외에도 여러모로 쓸모가 많답니다.

나무 조리 도구(나무주걱/스패츌러/뒤집개 등)

실리콘 조리 도구들이 편해서 요즘 많이 사용하고 있는데요. 저는 실리콘 조리 도구들에 붙어 있는 제거되지 못한 미세한 마감들이 떨어져 혹여나 아이 입에 들어갈까 싶어 전부 나무 조리 도구로 바꿨어요. 나무 조리 도구는 인터넷으로 좋은 품질의 저렴하고 좋은 상품들이 많이 올라와 있어요. 단, 나무 조리 도구는 물에 오래 담가놓으면 부식이나 곰팡이 등의 문제가 생기기 때문에 바로 씻어야 하는 불편함은 있으나 익숙해지면 괜찮습니다.

이것들이 귀찮아질 때는 스테인리스나 구리 냄비에 스테인리스 조리 도구를 이용하여 이유식을 만들었어요. 단, 스테인리스 조리 도구의 경우 스테인리스팬을 사용할 때만 유용하고, 코팅팬 등에는 스크래치가 날 위험이 있어 나무 조리 도구로 통일하였습니다. 대신에 스테인리스 도구도 첫 사용 전 반드시 표면에 묻어있는 발암물질인 연마제를 닦아야 하기 때문에 초반의 불편함은 있으나 한 번만 닦으면 장기 사용이 가능하기 때문에 스테인리스 제품들도 추천드립니다. (스테인리스 길들이기 p.038)

저울(10,000원 안팎)

마트나 인터넷에서 쉽게 구매 가능합니다. 저울이 있으면 정확히 계량하기 편하지만, 사기 귀찮거나 없을 수도 있기 때문에 재료들의 무게나 부피를 큰술이나 종이컵으로 환산하여 본 책에 표기했으니 필요하신 분들은 참고해주세요. 그리고 요리를 잘하시는 분들은 눈대중으로 농도를 쉽게 맞출 수 있기 때문에 굳이 필요하지 않아요. 하지만 저울이 있으면 정확해집니다.

체(10,000원 안팎)

꼭 아기용으로 작은 체를 구입할 필요는 없어요. 집에 있는 커다란 체를 이용하셔도 됩니다. 저는 집에 커다란 체들이 많아서 따로 구입하지는 않았어요. 체를 이용해서 육수를 건지거나 각종 음식을 더 잘게 갈아낼 때 사용하면 좋아요.

나무 도마 혹은 유리 도마(10,000~50,000원)

도마 역시 나무 도마나 강화유리 도마를 추천드립니다. 플라스틱이나 실리콘 도마는 간혹 칼집의 플라스틱을 섭취할 것 같아, 저는 나무 도마나 유리 도마를 사용해요. 나무는 칼집에서 떨어져 나온 조각들을 조금은 섭취해도 상관없겠다 싶었지만 그래도 나무 역시 마감이 걸려 강화유리 도마를 가장 많이 사용하고 있어요.

유리 도마의 단점은 칼질을 할 때 식재료들이 미끄러지고 잘리는 소리도 커서 불편하다는 것이지만 위생적으로는 가장 좋기 때문에 저는 주로 강화유리 도마를 사용했습니다. 살균도 간단해서 항상 유리 도마만 찾았네요. 유리 도마도 인터넷에 저렴한 가격대로 올라와 있습니다.

나무 도마를 선택하신다면 단단한 '올리브나무'나 '너도밤나무' 도마가 좋습니다. 조금 부드러운 감이 있지만 품질 좋은 '편백나무' 도마도 괜찮습니다. 단, 나무 도마는 너무 저렴한 제품은 구입하지 마세요. 반드시 통나무인 것을 확인하셔야 해요. 통나무가 아니라 본드로 겉면만 나무껍데기를 붙인 도마들을 조심하세요. 겉보기에는 일반 나무 도마 같지만 알고 보면 시트지처럼 나무만 붙인 도마더라고요. 이 도마를 사용한다면 본드며 온갖 환경호르몬을 우리 아기가 섭취하게 됩니다.

조리도구 세척법 및 길들이기

첫 스테인리스 용기 세척법

모든 스테인리스 제품의 마지막 공정 작업이 연마제 작업입니다. 때문에 스텐으로 만들어진 모든 제품들을 키친타월이나 천에 기름을 묻혀 닦아보면 시커먼 연마제가 묻어나오는 걸 볼 수 있어요. 연마제는 발암물질입니다. 우리 아기 입으로 들어간다니, 정말 상상조차 하기 싫었어요. 따라서 스테인리스 제품 구입하면 반드시 기름을 묻혀 연마제를 닦아낸 후 세척하는 게 정말 중요합니다. 서아가 보리차를 좋아해서 대량으로 끓여놔야 하는데, 제가 스테인리스로 된 대용량 주전자를 아직도 못 사고 있습니다. 물이 흘러나오는 주전자관 연마제를 닦기가 어려워서요.

그래서 서아에게 먹이기 위한 보리차는 작은 유리포트를 사용하다가, 양이 늘어나면서부터는 후기까지만 사용했던 분유포트를 다시 꺼내 소독해서 사용하고 있어요. 분유 포트에 성인 차도 끓여마시니 정말 유용하더라고요. 분유포트 있으신 분들은 다 썼다고 버리지 마세요.

① 수세미에 주방세제와 식초 반 큰술 정도 섞어 제품을 닦아주신 후 헹궈주세요.
② 식용유를 반 큰술 정도 올리고 키친타월이나 마른 면행주를 이용하여 닦아주세요.
③ 계속해서 식용유로 검은색 연마제가 안 나올 때까지 여러 번 닦아주세요.
④ 주방세제를 이용하여 수세미로 제품을 닦아주세요.
⑤ 냄비에 물을 가득 넣고 식초 한 큰술을 넣은 후 끓여주세요.
⑥ 주방세제를 이용해 수세미로 닦은 후 물기를 말려주세요.

스테인리스 수저포크 세척법

반드시 연마제를 제거해야 합니다. 그렇지 않으면 발암물질을 우리 아이들이 섭취하게 돼요.

① 식용유를 뿌리고 키친타월이나 마른 면행주를 이용하여 닦아주세요.
② 검은색 연마제가 안 나올 때까지 여러 번 닦아주세요.

③ 주방세제를 이용하여 수세미로 닦아주세요.
④ 용기에 끓는 물을 넣고 식초 한 큰술을 넣은 후 20분간 담가주세요.
⑤ 주방세제를 이용해 수세미로 닦은 후 물기를 말려주세요.

나무 식기 길들이기

이렇게 하면 나무 식기에 오일 코팅이 되어 단단하게 그리고 위생적으로 사용할 수 있어요. 사용하다가 벗겨지면 또 다시 아래의 과정을 반복해주세요.

주의할 점은 나무 식기는 재빨리 세척을 해야 해요. 물에 오래 담가놓으면 겉면에 홈이 생기거나 물러져 곰팡이가 생길 수 있어요. 세척 시 물에 불린 후 식초만 묻혀 씻으면 잔여 세제도 남지 않아 좋아요.

① 사포를 이용하여 나무 겉면을 다듬어주세요.(사포는 생활용품할인점에서 저렴하게 구입할 수 있어요.)
② 마른 천이나 키친타월을 이용하여 식용유를 적시고 나무 식기 전체에 잘 도포해주세요.
③ 2~3일 정도 그늘에 말린 후 주방세제로 닦아 말려주세요.

나무 도마 살균하기

식초 100ml, 물 100ml, 소금 1스푼만 있으면 쉽게 소독이 가능합니다.

① 식초, 소금, 물을 섞어줍니다.
② 마른 행주나 키친타월에 ①을 묻혀 도마를 닦아줍니다.
③ 마른 행주나 키친타월로 한번 더 닦아냅니다.
④ 통풍이 잘 되는 그늘에 말립니다.
⑤ 건조된 도마 위에 식용유를 발라 코팅을 해주고 말린 후 사용합니다.

TIP
올리브유, 들기름은 산패 속도가 빠르니 피합니다.

유리 도마 살균하기

① 매번 설거지 때마다 주방세제에 식초를 묻혀 닦아냅니다.

믹서기 세척법

정말 자주 이용하게 되는 믹서기입니다. 자주 이용하는 만큼 살균 및 소독을 잘해야 하는데요. 마무리나 마감이 플라스틱으로 되어 있는 것은 살균 소독기에 돌리지도 못하지요. 간단한 세척법을 알려드릴게요.

① 주방세제에 식초를 뿌린 후 수세미와 칫솔을 이용해 닦아냅니다.
② 베이킹소다를 뿌린 후 칫솔을 이용해 구석구석 문지른 후 물로 헹궈냅니다.

> **TIP**
> 믹서기 칼날도 스테인리스입니다. 반드시 연마제를 닦아낸 후 사용해주세요.

계절 식재료를 알아봐요

조선시대 궁중 요리와 현대에서 사용되는 계절 식재료를 알려드릴게요. 계절 식재료를 사용하면 가격도 싸고 맛과 영양도 올라가거든요. 맛과 영양, 가성비까지 동시에 잡을 수 있는 건 바로 계절 식재료입니다.

봄

브로콜리, 우엉, 냉이, 시금치, 두릅, 바지락, 딸기, 달래, 주꾸미, 취나물, 장어, 쑥, 매실, 도미, 다슬기, 참다랑어, 소라, 한라봉, 양배추, 비트, 아스파라거스, 딸기

여름

단호박, 양배추, 오이, 당근, 옥수수, 부추, 토마토, 감자, 전복, 고구마, 블루베리, 포도, 장어, 도라지, 수박, 매실, 복숭아, 참나물, 복분자, 자두, 다슬기, 참다랑어, 소라, 양파, 그린빈

가을

단호박, 당근, 표고버섯, 송이버섯, 새송이버섯, 아욱, 배추, 옥수수, 사과, 게, 굴, 토마토, 홍합, 꼬막, 고등어, 전복, 감자, 고구마, 무, 꽁치, 늙은호박, 대하, 블루베리, 삼치, 유자, 배, 귤, 갈치, 석류, 도미, 가리비, 광어, 낙지, 미니양배추, 샐러리

겨울

브로콜리, 연근, 시금치, 우엉, 굴, 바지락, 사과, 딸기, 홍합, 꼬막, 배추, 무, 늙은호박, 대하, 삼치, 대하, 명태, 아귀, 도미, 광어, 낙지, 가리비, 유자, 석류, 귤, 한라봉

계절에 구애받지 않는 영양가 높은 채소

상추, 애호박, 청경채, 파프리카

식재료 궁합을 알아봐요

조선시대 궁중음식 백과사전『정조지』에 기록되고 현대의학 연구 결과로 두 번 체크한 우리나라 식재료 궁합입니다.

슈퍼푸드 궁합

- **브로콜리**

양파, 소고기, 사과, 배, 당근, 콜리플라워, 두부, 타임, 고구마

- **비트**

소고기, 두부, 요거트, 당근,

- **아보카도**

소고기, 바나나, 검은콩, 퀴노아, 복숭아, 망고, 체리

- **블루베리**

아보카도, 바나나, 생선, 멜론, 오트밀, 퀴노아, 딸기, 산딸기, 요거트

- **퀴노아**

소고기, 비트, 사과, 케일, 복숭아, 시금치, 아보카도, 쌀

- **케일**

감자, 고구마, 바나나, 사과, 배, 두부

- **고구마**

시금치, 아보카도, 케일, 배, 브로콜리

- **렌틸콩**

쌀, 퀴노아, 체리, 고구마, 토마토, 타임, 케일

- **요거트**

모든 과일, 비트, 견과류, 꿀

슈퍼푸드 단백질 궁합

- **소고기**

쌀, 퀴노아, 렌틸콩, 표고버섯, 무, 양배추, 비트, 파프리카, 감자, 시금치, 아욱, 미역, 두부, 연근, 우엉, 당근, 양파, 마늘, 깻잎

- **돼지고기**

쌀, 퀴노아, 렌틸콩, 표고버섯, 두부, 사과, 부추, 양파, 파프리카, 감자, 마늘, 연근, 주꾸미

- **닭고기**

쌀, 퀴노아, 렌틸콩, 표고버섯, 새송이버섯, 시금치, 청경채, 부추, 피프리카, 우유, 버터, 당근, 양파, 곰 국물, 마늘, 두부

- **흰 살 생선**

쌀, 퀴노아, 무, 양파, 브로콜리, 조개, 다시마, 마늘, 양배추, 시금치

- **오리고기**

단호박, 당근, 부추, 마늘, 파프리카

- **양고기**

양파, 생강, 가지, 달걀, 호두, 파프리카, 마늘

다양한 식재료 궁합

- **계란**

시금치, 애호박, 토마토, 양파, 당근, 오이, 단호박, 치즈, 우유, 버터

- **감자**

고구마, 양송이버섯, 우유, 버터, 치즈, 양파, 브로콜리, 사과

- **고구마**

감자, 브로콜리, 사과, 밤, 당근, 치즈, 우유, 버터

- **애호박**

소고기, 감자, 계란, 된장

- **양배추**

브로콜리, 양파, 고구마, 흰 살 생선, 치즈, 사과, 우유, 견과류

- **시금치**

소고기, 당근, 양파, 계란, 토마토, 사과, 바나나

- **미역**

소고기, 두부, 콩

- **바지락**

된장

- **브로콜리**

양파

- **배추**

무

상극인 식재료

- **토마토 × 설탕**

설탕은 토마토의 비타민B 흡수를 방해합니다.

- **당근 × 오이**

당근의 아스코르브산은 오이의 비타민C를 파괴합니다.

- **시금치 × 두부**

시금치의 옥살산이 두부의 칼슘 성분과 결합하면 몸에서 담석(돌)으로 변하기 쉽습니다.

- 멸치 × 시금치

시금치의 옥살산이 멸치의 칼슘 흡수를 방해하고, 산 성분과 칼슘이 합쳐져 불용성 수산칼슘으로 변해 결석이 생길 수 있습니다.

- 파 × 미역

파의 인과 유황 성분이 미역에 있는 칼슘이 체내에 흡수되는 걸 방해합니다.

- 감 × 도토리묵

감과 도토리묵 두 가지를 같이 먹으면 변비가 생기거나 빈혈이 나타날 수 있습니다.

- 치즈 × 콩
- 오이 × 무
- 두부 × 시금치
- 양고기 × 토마토, 호박, 식초, 된장, 메밀, 수박, 완두콩, 죽순

종이컵, 숟가락으로 간단하게 계량하기

종이컵으로 분량 재기

육수 1컵 = 180ml

육수 ½컵 = 90ml

불린 쌀(퀴노아) 1컵 = 130g

불린 쌀(퀴노아) ½컵 = 65g

숟가락으로 분량 재기

가루 1큰술

숟가락으로 수북이 떠 볼록하게 올라오도록 해주세요.

가루 ½큰술

숟가락의 절반 정도로 볼록하게 담아주세요.

가루 ⅓큰술 (= 1티스푼)

숟가락의 ⅓ 정도로 볼록하게 담아주세요.

다진 재료 1큰술

숟가락으로 수북이 떠주세요.

다진 재료 ½큰술

숟가락의 절반 정도로 수북이 떠주세요.

다진 재료 ⅓큰술 (= 1티스푼)

숟가락의 ⅓ 정도로 볼록하게 담아주세요.

장류 1큰술

숟가락으로 가득 떠 볼록하게 올라오도록 해주세요.

장류 ½큰술

숟가락의 절반 정도로 볼록하게 담아주세요.

장류 ⅓큰술 (= 1티스푼)

숟가락의 ⅓ 정도로 볼록하게 담아주세요.

액체 1큰술

숟가락 가득 찰랑거리게 담아주세요.

액체 ½큰술

숟가락의 절반 정도로 담아주세요.

액체 ⅓큰술 (= 1티스푼)

숟가락의 ⅓ 정도로 담아주세요.

각 시기별 이유식 농도 한눈에 확인하기

초기 1단계 이유식

초기 2단계 이유식

중기 이유식

후기 이유식(진밥)

완료기 이유식(일반 밥)

이유식 시작 전에 꼭 읽어주세요

식용유는 모두 엑스트라 버진 올리브유를 사용했어요

저는 이유식 조리의 기름은 대부분 엑스트라 버진 올리브유만 사용했어요. 엑스트라 버진 올리브유에는 불포화지방산과 비타민E, 비타민K가 풍부하고 항산화 성분도 풍부하여 각종 만성 염증이나 질환을 예방해 주고 혈압이나 콜레스테롤 수치를 낮추는 데도 아주 좋습니다.

올리브유에 대해 일반적으로 알려진 사실은 발연점이 낮으므로 튀김이나 볶음 요리에 사용을 피하라는 이야기가 많잖아요. 이는 오해입니다. 일반적인 올리브유는 발연점이 낮지만 엑스트라버진 올리브유의 경우 발연점이 200℃이기 때문에 식용유(발연점 234℃)처럼 튀김 요리에도 사용할 수 있어요.

저는 집에서 각종 샐러드는 물론 모든 요리와 서아 이유식 조리, 조리 후 토핑 등에 모두 엑스트라 버진 올리브유만 사용했어요. 가격은 비싸지만 여러분들도 풍부한 영양소가 함유되어있는 엑스트라 버진 올리브유를 사용하시는걸 추천드려요. 가성비를 생각한다면 대형마트에서 큰 용량을 구입해 사용하는 것이 좋습니다. 여유만 되신다면 가격은 정말 비싸지만 발연점이 270℃인 아보카도오일은 엑스트라 버진 올리브유보다 훨씬 좋겠지요.

이 책에 나온 식용유는 모두 다 엑스트라 버진 올리브유라고 생각하시면 돼요.

설탕 대신 프락토올리고당만 사용했어요

저는 몸에 안 좋은 단순 당인 설탕이라도 유기농만 붙으면 다 좋은 줄 알았어요. 하지만 앞에 유기농이 붙는다고 설탕의 나쁜 성분들이 없어지는 건 아니더라고요. 이유식에도 설탕이 들어가야 할 음식이 있기 때문에 서아에게 단순 당인 설탕보다 더 건강한 것을 먹이고 싶어서 공부했어요. 과연 설탕을 뭐로 대체해야 할까? 단풍시럽, 꿀, 혹은 감미료인 나한과 혹은 알룰로스? 전부 아니었어요. 오히려 나한과나 알룰로스 등의 감미료는 뇌에 착각을 일으켜 과식을 불러일으키고 건강에 더 안 좋다고 해요. 에너지 섭취 중추를 충족한다는 측면에서는 오히려 설탕보다 못하다고 합니다. 따라서 인공감미료의 섭취도 설탕만큼 주의해야 한다고 해요.

그러다가 찾아낸 게 프락토올리고당입니다. 프락토올리고당도 감미료 중 하나로 분류되지만 차라리 설탕보다 프락토올리고당이 몸에 좋다라고요. 이소말토올리고당처럼 GMO 옥수수 관련 문제가 있지도 않고 장내 유산균의 먹이가 되기 때문에 장 건강에 아주 좋으며, 장내 유익균들이 올리고당을 분해하면서 장에 좋지 않은 균들이 번식하지 못하도록 한다고 해요.

또한 프락토올리고당은 극히 소량이 위산에 의해 가수분해되어 과당과 포도당으로 흡수되며, 거의 대부분은 소화효소에 의해 분해되지 않고 대장에서 장내 균에 의해 발효됩니다. 발효의 결과로 생성된 단쇄지방산은 장내 환경을 산성화하고, 장내 균이 사용할 수 있는 손쉬운 에너지원으로 작용하며 칼슘의 흡수도 증대시킵니다.

이 책에 가끔 나오는 설탕 표기는 거의 모두 다 프락토올리고당을 사용했다고 보시면 됩니다.

레시피에 쓰여있는 채소가 준비 안 되었다고 불안해하지 마세요
집에 있는 채소들로 대체하여 충분히 요리할 수 있어요

저는 식재료 중 청경채는 잘 쓰지 않았어요. 물론 영양소가 높기 때문에 사용하시는 걸 추천드리지만 마트에 품절이 자주 되었었고요. 서아는 너무 쓴지 잘 안 먹더라고요. 그래서 저는 시금치나 연한 비타민 채소, 아욱 등의 녹황색 채소로 대체했어요. 시금치를 잘 안 먹는 아기가 있다면 포항초나 남해 섬초 등의 시금치를 사용해보세요. 달달해서 그런지 아기들이 잘 먹습니다.

레시피 재료 준비에 표기되어 있는 채소가 없다고 불안해하지 마시고, 그때마다 대체하여 조리해주세요. 예를 들자면 청경채가 없을 때 시금치, 시금치가 없을 때 청경채나 아욱 등으로 대체해주세요. 혹은 다른 채소가 하나 이상 있다면 나머지는 빼서도 됩니다.

이 책의 채소에 너무 얽매이지 마시고 집에 있는 채소들로 대체해서 조리하세요. 단, 식재료 궁합은(p.044) 확인하면서 집에 있는 채소들로 대체해 조리하세요. 고기, 생선류 등 단백질 식재료 또한 마찬가지입니다. 초기, 중기, 후기에 먹일 수 있는 것과 궁합을 잘 살펴본 후 조리해주세요.

레시피 식재료 대부분을 찜솥에 찌는 이유

물에 데치는 것보다 찜기에 스팀으로 찌는 것이 영양소 파괴가 덜하다고 해요. 뿐만 아니라 음식의 맛도 더 좋아져요. 서아는 찜솥에 올린 재료들이 들어간 이유식만 완밥했어요. 제가 귀찮아서 가끔 냄비물에 데쳐서 준비한 이유식은 잘 먹지 않더라고요. 정말 예민한 서아 입맛이 너무 신기했어요.

이 책의 레시피 중 식재료들을 찌는 과정이 번거로우시다면 생으로 믹서 등에 갈아서 조리하셔도 무방해요. 물론 냄비 물에 데치셔도 됩니다.

줄기가 있는 채소들은 줄기를 제거하지 마시고 믹서기에 함께 갈아주세요

믹서기를 이용한 이유식을 하신다면 초기라도 채소 줄기를 다듬어 버리지 마세요. 모든 영양은 줄기나 껍질에 있기 때문입니다. 베이킹소다나 식초를 이용하여 깨끗이 씻은 후 줄기를 제거하지 말고 믹서기에 함께 갈아주세요. 어차피 잘게 갈리니 초기 이유식을 먹는 아기들도 쉽게 섭취할 수 있고 소화에도 무리가 없답니다. 중기 이후부터는 알갱이가 있는 이유식을 섭취할 수 있으니 믹서기를 쓰지 않고 잘게 다져서 조리해도 좋습니다.

본 책의 이유식 양은 3회분 이상 나옵니다

각 시기별 간식, 후기 일부 레시피 및 후기 아기반상, 완료기 이유식을 제외하고 본 책의 이유식 총량은 약 3회분 이상이 나옵니다. 한꺼번에 여러 번 먹을 양을 만든 뒤, 용기에 나누어 담아 냉장고에 보관해주세요. 먹기 직전에 데워주기만 하면 새로 조리하지 않아도 간단하게 이유식을 먹일 수 있습니다. 전자렌지나 냄비에 데우는 것보다, 이유식에 생수 1~2큰술을 넣고 중탕(냄비 뚜껑을 꼭 닫아주세요) 해주면 이유식이 촉촉해져 마치 방금한 것처럼 맛있습니다. 단, 신선도를 위해 냉장한 이유식은 3일 안에 먹어주세요.

이정현표 육수와 아기용 양념

소고기육수

우리 서아는 초기 이유식부터 육수를 먹었어요. 초반에 소고기육수로 시작하세요. 괜찮다면 다음에는 멸치를 추가하여 육수를 만들어주세요.

준비해주세요

- 소고기 안심 400g
- 다시마 8g(조각다시마 8장)
- 건표고버섯(생표고버섯) 20g(약 4개)
- 양파 1개
- 물 3L

만드는 법

1. 냄비에 들어갈 크기로 재료를 손질해주세요.
2. 냄비에 소고기, 다시마, 건표고버섯, 물을 넣고 약 30분 이상 끓여주세요.
3. 건더기는 버리고, 육수는 용기에 담아 식혀주세요.

TIP

- 핏물을 빼면 철분이 빠져 나가기 때문에 절대로 빼지 마세요.
- 소고기는 건져 내어 식힌 후 믹서기에 곱게 갈아 60g씩 소분하여 얼려놨다가 이유식에 이용하세요.

멸치다시마육수

우리 서아는 초기 이유식부터 이 육수를 먹었어요.

준비해주세요

- 멸치 30g(종이컵 1)
- 다시마 8g(조각다시마 8장)
- 건표고버섯(생표고버섯) 20g(약 4개)
- 양파 1개
- 대파 1개
- 물 3L

만드는 법

1 냄비에 들어갈 크기로 재료를 손질해주세요. 이때 멸치는 머리와 내장을 제거해 팬에 살짝 볶아주세요(생략 가능).

2 냄비에 모든 재료를 넣고 40분 이상 끓여주세요.

3 건더기는 버리고, 육수는 용기에 담아 식혀주세요.

TIP

- 멸치와 다시마의 짠 맛이 걸리신다면 물에 5분 이상 담가 놓은 후 사용해주세요.

멸치다시마건새우육수

우리 서아는 초기 이유식부터 이 육수를 먹었어요.

준비해주세요

- 멸치 30g(종이컵 1)
- 다시마 8g(조각다시마 8장 이상)
- 건새우 10g(종이컵 ½)
- 건표고버섯(생표고버섯) 20g(약 4개)
- 양파 1개
- 대파 1개
- 물 3L

만드는 법

1. 냄비에 들어갈 크기로 재료를 손질해주세요. 이때 멸치는 머리와 내장을 제거해 팬에 살짝 볶아주세요(생략 가능).
2. 냄비에 볶은 멸치, 건새우, 양파, 대파를 넣고 40분 이상 끓여주세요.
3. 건더기는 버리고, 육수는 용기에 담아 식혀주세요.

채소육수

우리 서아는 초기 이유식부터 이 육수를 먹었어요.

준비해주세요

- 배추 230g(배추 1/6, 알배추 ½개)
- 껍질 벗긴 무 200g
- 배 120g(약 ⅓개)
- 사과 120g(약 ⅓개)
- 당근 95~100g
- 건표고버섯(생표고버섯) 20g(약 4개)
- 물 3L

만드는 법

1. 냄비에 들어갈 크기로 재료를 손질해주세요.
2. 냄비에 모든 재료를 넣고 40분 이상 끓여주세요.
3. 건더기는 버리고 육수를 용기에 담아 식혀주세요.

구기자육수

우리 서아는 초기 이유식부터 이 육수를 먹었어요. 구기자는 끓였을 때 은은한 캐러멜 향이 납니다. 그 향이 강하지도 약하지도 않기에 단 것을 거부하는 아기들도 좋아할 거예요. 아기가 감칠맛 육수에 질렸을 때, 아파서 입맛이 떨어졌을 때, 간단히 구기자를 넣고 찹쌀 퀴노아 죽을 끓여주면 너무 잘 먹습니다. 몸에 좋은 구기자를 보리차처럼 끓여줘도 아주 좋아요.

구기자는 피로 해소를 촉진 시키는 '베타닌(betanin)' 성분이 있어 지방간을 예방하고, '비타민C'와 '루틴(rutin)'이 함유되어 혈관을 튼튼하게 하고 혈압조절에 좋습니다.

준비해주세요
- 구기자 1큰술
- 물 3L

만드는 법

1 물에 구기자를 넣고, 물이 끓으면 불을 끈 후 10분 뒤 구기자를 건져내주세요.

2 건더기는 버리고 육수는 용기에 담아 식혀주세요.

닭육수

우리 서아는 초기 이유식부터 이 육수를 먹었어요.

준비해주세요

- (뼈 있는) 닭 ½마리 이상
- 건표고버섯(생표고버섯) 20g(약 4개)
- 우유 200ml
- 물 3L

만드는 법

1. 냄비에 들어갈 크기로 재료를 손질해주세요. 닭은 물에 한번 깨끗이 씻어주세요.
2. 씻은 닭을 우유에 넣고 10분씩 뒤집어가며 30분 이상 재워준 뒤, 물로 깨끗이 씻어주세요.
3. 냄비에 모든 재료를 넣고 2시간 정도 푹 끓여주세요.
4. 건져낸 닭은 비계는 버리고 살코기만 발라 이유식에 이용합니다. 육수는 용기에 담아 식혀주세요.

TIP

- 닭뼈에서 맛있는 육수가 우러나오기 때문에 반드시 뼈가 있는 닭고기를 이용해주세요.
- 닭볶음탕용 닭을 이용하면 편합니다.
- 우유로 닭을 재우면 누린내가 없어짐은 물론, 더 담백하고 부드러워집니다. 어른 닭 요리에는 소주나 청주도 이용합니다.

조개다시마육수

우리 서아는 중기 이유식부터 이 육수를 먹었어요.

준비해주세요

- 바지락(모시조개) 500g
- 다시마 8g(조각다시마 8장 이상)
- 양파 150g(약 1개)
- 물 3L

만드는 법

1. 냄비에 들어갈 크기로 재료를 손질해주세요. 조개는 소금물에 담가 해감해주세요.
2. 해감한 조개, 다시마, 양파, 물을 냄비에 넣고 40분 이상 끓여주세요.
3. 건더기는 버리고 육수는 용기에 담아 식혀주세요.

TIP

- 비린 맛이 난다면 과당 등이 함유된 맛술보다 청주, 화이트와인, 소주 등을 한 큰술을 넣고 끓여주세요. 알코올은 열기에 날아가기 때문에 아기에게 안전하니 안심하세요.

곰탕육수

우리 서아는 중기 이유식부터 이 육수를 먹었어요.

준비해주세요

- 잡뼈 1kg
- 사골 1kg
- 물 3L

만드는 법

1. 큰 통에 잡뼈와 사골을 넣고 물을 가득 넣어 30분마다 한 번씩 핏물을 총 4시간 정도 빼주세요.

2. 핏물을 뺀 사골잡뼈를 물에 헹궈 냄비에 담고 물을 가득 부어주세요.

3. 강불로 10분 이상 끓여낸 후, 물을 버리고 잡뼈들을 다시 물에 헹궈주세요.

4. 다시 냄비에 담아 물을 가득 부은 후 8시간 이상 끓여주세요. 물이 부족하면 계속해서 채워 넣으며 끓여주세요.

5. 식힌 뒤 위에 뜬 기름은 걷어 주세요.

아기용 맛가루(천연 조미료)

우리 서아는 중기 이유식부터 먹었어요. 서아가 이유식을 거부하거나 잘 안 먹으려 할 때 밥 위에 토핑해주면 순식간에 밥이 사라졌어요.

준비해주세요

- 잔멸치 2큰술
- 건새우 2큰술
- 건표고버섯 5g(약 1개)
- 북어 2g(북어채 약 2개)
- 다시마 2g(조각 다시마 2장)

만드는 법

1 모든 재료들을 믹서기에 곱게 갈아주세요.

TIP

- 짠맛을 줄이고 싶으면 잔멸치, 건새우, 다시마, 북어를 물에 10분 정도 담가놓은 후, 그늘이나 음식 건조기에 바짝 말려 사용해주세요.

아기용 소금

우리 서아는 이유식 정체기가 찾아오는 중~후기부터 먹었어요. 이유식에 슬슬 질려할 때쯤 아기용 소금으로 살짝 간을 해주면 서아가 정말 잘 먹었어요.

준비해주세요

- 천일염 4큰술
- 생쌀 4큰술
- 참깨 1큰술

만드는 법

1 천일염을 팬에 5분 이상 볶아주세요.

2 구운 천일염에 생쌀, 참깨를 넣고 믹서기에 곱게 갈아주세요.

TIP

- 소금은 색이 노래질 때까지 볶아주세요.
- 볶는 도중 소금이 튈 수 있으니 화상에 주의하시고, 뚜껑을 닫고 볶아주세요.

아기용 간장

서아의 응급 만능 간장입니다. 우리 서아는 이유식 정체기가 찾아오는 중~후기부터 먹었어요. 서아는 고기를 정말 좋아하는데, 뜬금없이 질려하면서 입에도 안 대는 날이 종종 있어요. 이때 소고기를 구우면서 아기용 간장을 살짝 뿌려주면 고기를 순식간에 다 먹어요. 서아가 아주 좋아하는 소고기뭇국을 만들 때 넣거나 소고기미역국을 할 때도 자주 사용했어요. 음식의 감칠맛을 높여주는 아기용 간장으로 이유식을 해보세요.

준비해주세요

- 간장 500ml
- 물 500ml
- 다시마 4g(조각 다시마 4장)
- 사과 140g(½개)
- 배 140g(½개)
- 양파 70~80g(½개)
- 프락토올리고당(설탕) 2~3큰술(생략 가능)
- 레몬즙 1큰술(생략 가능)

만드는 법

1. 냄비에 들어갈 크기로 재료를 손질해주세요.
2. 냄비에 손질한 재료들과 간장을 넣고 끓여주세요.
3. 건더기는 버리고 완성된 간장은 용기에 담아 식혀주세요.

TIP

- **초간단 아기용 간장 만들기**: 진간장과 물을 5:5로 섞어준 뒤, 프락토올리고당을 약간 넣어 한 번 끓여주세요. 프락토올리고당이 없다면 설탕을 조금 넣으셔도 좋습니다.

아기용 된장

우리 서아는 이유식 정체기가 찾아오는 중~후기부터 먹었어요.

준비해주세요

- 된장 150g
- 찹쌀가루(쌀가루) 5큰술
- 단호박 25g(¼개)

만드는 법

1 껍질을 벗긴 단호박을 찐 후, 잘 으깨주세요.

2 1에 된장과 찹쌀가루를 넣고 잘 섞어주세요.

3 완성된 된장은 용기에 담아 냉장고에 보관해주세요.

TIP

- 아기용 된장을 만들 시간이 없다면 일반 된장과 물을 9:1로 섞어 저염으로 요리해주세요.

아기용 토마토케첩

우리 서아는 이유식 후기부터 먹었어요.

준비해주세요

- 토마토 380~400g(약 3개)
- 사과 100~130g(½개)
- 양파 15g
- 마늘 3g(약 1개)
- 전분 2큰술
- 물 100ml
- 프락토올리고당(설탕) 2~3큰술(생략 가능)

만드는 법

1. 토마토 꼭지 반대편에 십자 표시를 내주세요.
2. 끓은 물에 토마토를 넣고 돌려가면서 10분 이상 삶아주세요.
3. **2**를 꺼내 찬물에 담가놓은 후 껍질을 벗겨주세요.
4. 사과와 양파는 껍질을 벗겨 작게 잘라주세요.
5. 믹서기에 **2**, **3**, 마늘, 물을 넣고 갈아주세요.
6. 거름망에 **5**를 거른 후, 냄비에 중약불로 끓여주면서 전분가루를 넣어 농도를 맞춰주세요.
7. 프락토올리고당을 넣어 완성해주세요.

아기용 토마토김치

우리 서아는 이유식 중~후기부터 먹었어요.

준비해주세요

- 굵은소금 1큰술 이상
- 물 300ml
- 배추 300g(배추1/6개, 알배추 ½개)
- 토마토 380~400g(약 3개)
- 양파 15g
- 사과 100~130g(½개)
- 배 65g
- 다진 마늘 3g(약 1개)
- 멸치다시마육수 150ml

만드는 법

1. 물 300ml에 소금 1큰술 이상을 넣어 소금물을 만들어주세요.
2. 배추를 반으로 잘라 소금물에 30분 이상 절여주세요(배춧잎이 잘 휘어지면 절여진 겁니다).
3. 절여진 배추를 물로 씻어 작게 잘라주세요.
4. 토마토는 삶아서 껍질을 벗겨주세요.
5. 믹서기에 토마토, 양파, 사과, 배, 다진 마늘, 멸치다시마육수를 넣고 갈아주세요.
6. 자른 배추에 5를 넣고 무쳐주세요.
7. 마지막에 깨소금을 뿌려 완성해주세요.

아기용 백김치

우리 서아는 이유식 중~후기부터 먹었어요.

준비해주세요

- 물 300ml
- 소금 1큰술 이상
- 배추 300g(약 배추1/6개, 알배추 ½개)
- 양파 15g
- 사과 100~130g(약 ½개)
- 배 65g
- 다진 마늘 3g(약 1개)
- 멸치다시마육수 150ml

만드는 법

1. 물 300ml에 소금 1큰술 이상을 넣어 소금물을 만들어주세요.
2. 배추를 반으로 잘라 소금물에 30분 이상 절여주세요(배춧잎이 잘 휘어지면 절여진 겁니다).
3. 절여진 배추는 물로 씻은 뒤 작게 잘라주세요.
4. 믹서기에 양파, 사과, 배, 다진 마늘, 멸치다시마육수를 넣고 갈아주세요.
5. 자른 배추에 4를 넣고 무쳐주세요.
6. 마지막에 깨소금을 뿌려 완성해주세요.

초기 이유식

『정조지』에 기록된 이유식 주요 식재료 : 초기

조선시대 궁중 음식 백과사전인 『정조지』에 기록되어 있는 식재료입니다. 궁중에서 쓰던 식재료로 소중한 우리 아기를 더욱 튼튼하게 만들어봐요.

쌀

『정조지』의 「명의별록」에 따르면 쌀은 맛이 달고 성질이 차며, 독이 없고 기운을 북돋우며, 속을 보호하고 몸을 가볍게 한다고 합니다.

쌀 영양 성분의 대부분은 탄수화물입니다. 쌀의 탄수화물은 뇌에서 에너지원으로 사용되기 때문에 적절한 뇌 기능을 개선하는 데 도움이 됩니다. 또한 여러 비타민과 미네랄을 함유하고 있어 모든 장기에 대한 대사 활동을 증가시키며, 단백질, 식이섬유, 아연, 엽산, 인, 철분을 포함하고 있습니다. 비타민B의 함량도 높아 신경계 건강에 아주 좋습니다.

쌀은 현미, 귀리, 보리와 같이 피트산 성분을 포함하지 않고 있어 소화장애를 일으키지 않으며, 글루텐이 없어 소화가 잘 되기 때문에 초기 이유식 베이스로 아주 좋습니다.

소고기

조선시대 귀한 식재료였던 소고기는 『정조지』에 수류(獸類/포유류를 통틀어 이르는 말)로 분류되어 있으며, 본초에 따르면 소고기는 성질이 따뜻하고 평안하며 독이 없다 기록되어 있습니다. 「명의별록」에는 속을 편안하게 하고 기운을 북돋으며 비장과 위장의 기운을 기른다고 되어있습니다.

현대의학에서 소고기는 필수 아미노산과 함께 단백질이 풍부하게 들어있어 면역력 증진에 아주 좋다고 합니다. 또한 항산화, 동맥경화, 노화 방지 기능이 있는 비타민E가 근육 및 혈액을 만드는 중요한 역할을 하며, 엽산과 협력해 헤모글로빈의 생성을 돕고 뇌신경의 정상을 유지하는 데 큰 역할을 하는 비타민B가 포함되어 있다고 합니다.

소고기는 특히 아기 성장에 매우 중요한 역할을 하는 철분 함유량이 높아 소고기와 같은 단백질을 서아에게 매일 먹여달라고 서아 아빠 또한 저에게 당부했어요. 여러분의 아기들에게도 매일 먹이는 것을 추천 드립니다. 혹시라도 고기를 거부하는 아기들이 있다면 소아과 의사와 상담 후, 철분 영양제를 먹이는 것을 추천드려요.

오이

이유식을 하면서 남편 덕분에 새롭게 알게 된 사실이 있어요. 알레르기 유발 식품(꽃게, 오이, 계란, 생선 등)은 돌 지난 이후에 먹이길 시도해야 하는 걸로 알았지만, 오히려 돌 이전에 시도해야 알레르기가 안 생긴다고 하더라고요.

오이 알레르기를 가진 사람들이 많기 때문에, 초반부터 오이를 넣어 이유식을 시도해봤어요. 서아는 다행히 알레르기가 없었어요. 그 후로도 6개월간 중기 이유식부터 알레르기 유발 식품들을 식재료에 넣으며 알레르기 테스트를 해봤어요.

『정조지』의 「식감본초」에 따르면 오이는 맛이 쓰고 성질은 평하면서 서늘하고 독이 없다고 되어있어요. 가슴 속의 열을 제거하고 번갈(煩渴/가슴이 답답하고 열이 나며 목이 마르는 증상)을 풀어주며, 수도(邃道/기혈이 통하는 길이라는 뜻으로, '경맥'을 이르는 말)를 잘 통하게 한다고 나와있습니다.

현대의학에서의 오이는 풍부한 수분과 칼륨이 갈증 해소를 돕고 중금속 등의 노폐물을 배출하여 피를 맑게 하고 비타민C가 풍부해 피부 건강과 피로 회복에 좋다고 합니다.

표고버섯

2단계 초기 이유식부터 사용하는 '육수'에 필수로 들어가는 식재료입니다. 표고버섯은 항암 효과와 항바이러스 효과는 물론, 섬유소도 풍부하게 함유되어 있어 변비를 예방합니다. 뿐만 아니라, 음식의 감칠맛을 높여주어 제가 즐겨 쓰는 식재료 중 하나입니다.

표고버섯은 항암물질인 레티넨이 함유되어 있어 암 치료에도 도움을 준다는 연구 결과가 있습니다. 이에 미국 식품의약국 FDA에서는 말린 표고버섯을 10대 항암 식품으로 선정하였습니다. 또한 인플루엔자바이러스 감염 예방 효과도 입증되어 감기 예방에 아주 좋습니다.

저는 보통 대형마트에서 말린 표고버섯을 구입해 물에 불려 사용하는데, 그렇게 간편할 수 없습니다. 생 표고버섯은 가격도 비싸고 빠른 시일 내 섭취해야 하며, 영양성분 또한 말린 표고에 비해 떨어지니 여러분들도 말린 표고를 구입해 이용하시길 권장드립니다.『정조지』에 따르면 표고버섯을 불릴 때 지나치게 뜨거운 물로 하면 좋지 않다 해요. 색이 나빠지고 질겨진다고 합니다.

상추

『정조지』의 「본초습유」에 따르면 상추는 오장을 잘 통하게 하고 경맥(經脈/기혈이 순환하는 기본 통로)을 통하게 하며, 흉격을 열어주며 효능이 백거와 같다고 나와있습니다. 우리가 손쉽게 구할 수 있는 상추는 기원전 2,500년 경 고대 이집트 벽화에도 기록되어있을 정도로 오랜 시간 동안 인류가 먹어왔습니다. 아마도 궁중 요리에 자주 이용했을 것이며, 저희 집 냉장고에 빠지지 않고 항상 자리를 차지하고 있는 채소입니다.

상추에는 영양소 또한 풍부합니다. 현대에서는 철분과 아미노산이 풍부해 혈액을 맑게 하고 저혈압을 예방하며 상추 줄기 부분의 락투카리움 성분은 스트레스 및 불면증을 예방합니다.

궁중에선 쓰이지 않았지만, 현대의학 검증을 통해 이유식에 사용하면 좋은 식재료

퀴노아

퀴노아는 제가 가장 좋아하는 이유식 식재료입니다. 가격도 적당하고 요즘에는 인터넷이나 대형마트에서 손쉽게 구매할 수 있어요. 퀴노아의 영양성분을 파악한 이후 저는 초기부터 지금까지 우리 서아 이유식에는 하루도 빠짐없이 퀴노아를 넣었습니다.

우리가 막연히 알고 있는 슈퍼푸드 중 하나인 퀴노아는 나트륨이 적고 글루텐이 없어 알레르기를 일으키지 않습니다. 가장 매력적인 점으로는 양질의 단백질을 함유하고 있다는 겁니다. 리신, 메티오닌, 아르기닌, 히스티딘 등 9가지 필수아미노산이 균형적으로 조성되어 있으며 칼슘, 칼륨, 인, 철분, 마그네슘, 망간, 아연, 셀레늄 등의 각종 무기질과 비타민, 섬유질, 녹말 등 풍부한 영양성분을 포함하고 있습니다. 리신과 인은 근육 골격을 구성하는 성분으로 골다공증을 예방합니다. 마그네슘은 혈압의 조절, 망간과 셀레늄은 항산화 작용을 통하여 노화를 방지합니다. 초기 이유식 두 번째 레시피부터 양식 외에 모두 퀴노아가 들어갑니다. 하지만 생략해도 상관없으니 부담 갖지 마세요. 퀴노아는 냄새와 맛이 거의 없어 넣어도 안 넣어도 무방합니다.

비트

슈퍼푸드인 비트는 간 정화작용은 물론 베타인 색소가 세포 손상을 억제하고 토마토의 8배에 달하는 항산화 작용으로 폐암, 폐렴 등 암을 예방하고 염증을 완화하는 효과가 있습니다. 골격 형성 및 유아 발육에 효과가 있으며 철분과 비타민이 다량 함유되어 있어 적혈구 생성을 돕는 것은 물론 혈액을 깨끗이 씻어 월경불순이나 갱년기 여성에게 좋습니다. 또한 위 손상을 막고 위 점막을 보호해줍니다.

브로콜리

브로콜리는 슈퍼푸드 중 하나로, 이유식을 만들 때 자주 쓰려고 노력하는 식재료입니다.

브로콜리에는 벌레가 많아서 세척이 중요합니다. 볼 안에 물을 가득 담은 후 식초 두 방울을 넣고 브로콜리 윗부분을 아래로 향하게 해 10분 이상 담가주세요. 브로콜리 윗부분이 물에 뜨지 않게 유리컵 등을 뒤집어 고정시켜주시면 좋아요. 그러면 물 안에 작은 벌레들이 죽어서 떠다닙니다. 마지막으로 흐르는 물에 깨끗이 세척 후 조리하시면 됩니다.

브로콜리에 함유된 설포라판(Sulforaphane)과 인돌(Indole) 화합물이 항암작용을 하는 것으로 알려져 있으며, 인돌은 에스트로젠(Estorgen)에 민감하게 반응하는 유방암세포의 성장 및 전이를 억제하는 효과가 있습니다. 비타민C가 풍부하고 칼슘의 흡수를 촉진하여 뼈의 건강을 돕는 역할을 합니다.

초기 1단계 이유식 특징(10배죽)

드디어 우리 서아에게 음식을 먹일 수 있다는 생각에 너무나 설렜습니다. 서아는 분유를 안 먹는 아기라 정말 힘들었거든요. '이제 서아와 엄마 모두 고생하지 않고 배부른 행복한 날이 오는구나' 하며 좋은 재료로 정말 열심히 이유식을 만들었습니다. 다행히 서아가 입을 아기 새처럼 쩍쩍 벌려 열심히 받아 먹었어요. 세상에, 더 달라고 칭얼대기까지 했습니다. 서아에게 이유식을 떠먹인 그 순간이 얼마나 행복했는지 몰라요. 이때쯤 서아는 뒤집기도 능숙해지고 배밀이를 하기 시작했어요! 손가락을 많이 움직이면 두뇌 활동이 좋아지니 장난감이나 핑거푸드 등을 손에 자주 쥐어주세요.

초기에는 쌀부터 시작했어요. 일전에 언급했듯이(p.090) 쌀은 정말 풍부한 영양소를 함유하고 있어요. 이제부터는 쌀을 베이스로 10배죽인 묽은 농도로 시작합니다.

초기 1단계 이유식 식단표

	1일	2일	3일	4일	5일	6일	7일
1주차	쌀미음				쌀퀴노아미음		쌀무미음
	8일	9일	10일	11일	12일	13일	14일
2주차	쌀무미음			쌀감자미음		쌀배추무미음	
	15일	16일	17일	18일	19일	20일	21일
3주차	쌀배추무미음		쌀오이미음			쌀상추미음	
	22일	23일	24일	25일	26일	27일	28일
4주차	쌀표고버섯미음			쌀브로콜리미음		쌀브로콜리양파미음	
	29일	30일					
5주차	쌀단호박미음						

서아의 초기 1단계 이유식 시간표

이유식	1일 횟수	1~2회
	1회 분량	30~60g
	1일 시간	오전 9시, 오후 5시
수유	1회 분량	500~800ml
간식	1일 횟수	1회

쌀미음

준비해주세요
- 불린 쌀 40g(종이컵 ¼)
- 물 400ml

만드는 법
1. 쌀을 20분 이상 불려주세요.
2. 믹서기에 불린 쌀과 물 100ml를 넣고 곱게 갈아주세요.
3. 냄비에 **2**와 남은 물을 넣고, 강한 불에 끓여주세요.
4. 끓어오르면 약한 불로 줄이고 5~10분 잘 저어주다가 알맞은 농도가 됐을 때 불을 꺼주세요(미음은 식으면 농도가 더 진해져 뭉치기 때문에 어느 정도 끈기가 생기면 불을 미리 꺼주세요).

TIP
- 믹서기에 갈 때 물을 넣어가며 농도 조절을 해주세요.
- 미음의 경우는 농도에 맞춰서 20분 이상 끓여주세요.

쌀퀴노아미음

준비해주세요
- 불린 쌀 40g(종이컵 ¼)
- 불린 퀴노아 10g
- 물 400ml

만드는 법
1. 쌀과 퀴노아를 20분 이상 불려주세요.
2. 믹서기에 쌀, 퀴노아, 물 100ml를 넣고 곱게 갈아주세요.
3. 냄비에 **2**와 남은 물을 넣고 강한 불에 끓여주세요
4. 끓어오르면 약한 불로 줄이고 5~10분 잘 저어주다가 알맞은 농도가 됐을 때 불을 꺼주세요.

쌀무미음

준비해주세요

- 불린 쌀 40g(종이컵 ¼)
- 불린 퀴노아 10g(생략 가능)
- 무 40g
- 물 400ml

만드는 법

1. 쌀과 퀴노아를 20분 이상 불려주세요.
2. 무는 껍질을 벗겨 작게 자른 후 쪄주세요.
3. 믹서기에 쌀, 퀴노아, 찐 무, 물 100ml를 넣고 곱게 갈아주세요.
4. 냄비에 3과 남은 물을 넣고 강한 불에 끓여주세요.
5. 끓어오르면 약한 불로 줄이고 5~10분 잘 저어주다가 알맞은 농도가 됐을 때 불을 꺼주세요.

쌀감자미음

준비해주세요
- 불린 쌀 40g(종이컵 ¼)
- 불린 퀴노아 10g(생략 가능)
- 감자 50g
- 물 400ml

만드는 법
1. 쌀과 퀴노아를 20분 이상 불려주세요.
2. 감자는 껍질을 벗겨 작게 자른 후 쪄주세요.
3. 믹서기에 쌀, 퀴노아, 찐 감자, 물 100ml를 넣고 곱게 갈아주세요.
4. 냄비에 **3**과 남은 물을 넣고 강한 불에 끓여주세요.
5. 끓어오르면 약한 불로 줄이고 5~10분 잘 저어주다가 알맞은 농도가 됐을 때 불을 꺼주세요.

쌀배추무미음

준비해주세요

- 불린 쌀 40g(종이컵 ¼)
- 불린 퀴노아 10g(생략 가능)
- 배추 30g
- 무 30g
- 물 400ml

만드는 법

1. 쌀과 퀴노아를 20분 이상 불려주세요.
2. 배추와 껍질 벗긴 무는 작게 자른 후 쪄주세요.
3. 믹서기에 쌀, 퀴노아, 찐 배추, 찐 무, 물 100ml를 넣고 곱게 갈아주세요.
4. 냄비에 **3**과 남은 물을 넣고 강한 불에 끓여주세요.
5. 끓어오르면 약한 불로 줄이고 5~10분 잘 저어주다가 알맞은 농도가 됐을 때 불을 꺼주세요.

쌀오이미음

준비해주세요

- 불린 쌀 40g(종이컵 ¼)
- 불린 퀴노아 10g(생략 가능)
- 오이 30g
- 물 400ml

만드는 법

1 쌀과 퀴노아를 20분 이상 불려주세요
2 오이는 껍질을 벗겨 작게 잘라주세요.
3 믹서기에 쌀, 퀴노아, 자른 오이, 물 100ml를 넣고 곱게 갈아주세요.
4 냄비에 3과 남은 물을 넣고 강한 불에 끓여주세요.
5 끓어오르면 약한 불로 줄이고 5~10분 잘 저어주다가 알맞은 농도가 됐을 때 불을 꺼주세요.

쌀상추미음

준비해주세요

- 불린 쌀 40g(종이컵 ¼)
- 불린 퀴노아 10g(생략 가능)
- 상추 12g(2~3장)
- 물 400ml

만드는 법

1. 쌀과 퀴노아를 20분 이상 불려주세요.
2. 상추는 작게 잘라주세요.
3. 믹서기에 쌀, 퀴노아, 자른 상추, 물 100ml를 넣고 곱게 갈아주세요.
4. 냄비에 3과 남은 물을 넣고 강한 불에 끓여주세요.
5. 끓어오르면 약한 불로 줄이고 5~10분 잘 저어주다가 알맞은 농도가 됐을 때 불을 꺼주세요.

TIP

- 상추의 줄기는 제거 안 해도 됩니다. 믹서에 갈기 때문에 질긴 섬유질은 없을 테고요, 영양도 풍부하게 섭취할 수 있습니다.

쌀표고버섯미음

준비해주세요

- 불린 쌀 40g(종이컵 ¼)
- 불린 퀴노아 10g(생략 가능)
- 건표고버섯(생표고버섯) 5g(약 1개)
- 물 400ml

만드는 법

1. 쌀과 퀴노아를 20분 이상 불려주세요. 건표고버섯도 불려주세요.
2. 믹서기에 쌀, 퀴노아, 불린 건표고버섯, 물 100ml를 넣고 곱게 갈아주세요.
3. 냄비에 **2**와 남은 물을 넣고 강한 불에 끓여주세요.
4. 끓어오르면 약한 불로 줄이고 5~10분 잘 저어주다가 알맞은 농도가 됐을 때 불을 꺼주세요.

TIP
- 건표고는 뜨거운 물에 불리면 질겨지니, 반드시 미지근한 물이나 차가운 물에 불려주세요.

쌀브로콜리미음

준비해주세요

- 불린 쌀 40g(종이컵 ¼)
- 불린 퀴노아 10g(생략 가능)
- 브로콜리 10~20g
- 물 400ml

만드는 법

1. 쌀과 퀴노아를 20분 이상 불려주세요.
2. 브로콜리는 작게 자른 후 5분 정도 쪄주세요.
3. 믹서기에 쌀, 퀴노아, 찐 브로콜리, 물 100ml를 넣고 곱게 갈아주세요.
4. 냄비에 3과 남은 물을 넣고 강한 불에 끓여주세요.
5. 끓어오르면 약한 불로 줄이고 5~10분 잘 저어주다가 알맞은 농도가 됐을 때 불을 꺼주세요.

쌀브로콜리양파미음

준비해주세요
- 불린 쌀 40g(종이컵 ¼)
- 불린 퀴노아 10g(생략 가능)
- 브로콜리 10g
- 양파 10g
- 물 400ml

만드는 법
1 쌀과 퀴노아를 20분 이상 불려주세요.
2 브로콜리와 양파는 작게 자른 후 5분 정도 쪄주세요.
3 믹서기에 쌀, 퀴노아, 찐 브로콜리, 찐 양파, 물 100ml를 넣고 곱게 갈아주세요.
4 냄비에 3과 남은 물을 넣고 강한 불에 끓여주세요.
5 끓어오르면 약한 불로 줄이고 5~10분 잘 저어주다가 알맞은 농도가 됐을 때 불을 꺼주세요.

TIP
- 브로콜리는 바이러스 저항력을 높이고 인터페론 분비를 촉진시키는 양파와 가장 잘 어울립니다.

쌀단호박미음

준비해주세요
- 불린 쌀 40g(종이컵 ¼)
- 불린 퀴노아 10g(생략 가능)
- 단호박 40g
- 물 400ml

만드는 법
1. 쌀과 퀴노아를 20분 이상 불려주세요.
2. 단호박은 작게 자른 후 10분 이상 쪄주세요.
3. 믹서기에 쌀, 퀴노아, 찐 단호박, 물 100ml를 넣고 곱게 갈아주세요.
4. 냄비에 3과 남은 물을 넣고 강한 불에 끓여주세요.
5. 끓어오르면 약한 불로 줄이고 5~10분 잘 저어주다가 알맞은 농도가 됐을 때 불을 꺼주세요.

초기 2단계 이유식 특징(8배죽)

초기 2단계 이유식의 농도는 8배죽으로, 초기 1단계에 비해 약간의 질감이 느껴지며 미음보다 조금 더 되직합니다.

소고기와 육수의 활용

서아가 하루 분유량과 이유식 양이 늘어서인지 많이 성장했어요. 이제부터는 아기의 필수 영양소인 단백질 섭취를 위해 매일 소고기를 먹일 거예요. 서아 아빠도 누누이 이야기하지만, 아기에게 철분은 정말 중요합니다. 간혹 정말 안 먹는 아기들을 위해 철분 영양제를 구입하여 먹이기도 하지만, 그래도 자연식품으로 섭취하는 게 가장 좋아요. 또한 영양 만점 깊은 맛의 소고기 육수가 아기에게 다양한 감칠맛을 느끼게 해줄 거예요. 아기가 혀로 여러 맛을 느끼면 두뇌 발달에 도움이 된다고 해요.

초기 2단계 이유식 식단표

	1일	2일	3일	4일	5일	6일	7일
1주차	소고기퀴노아미음			소고기미역연두부죽			소고기시금치참깨죽
	8일	9일	10일	11일	12일	13일	14일
2주차	소고기시금치참깨죽		소고기비트연두부죽			소고기감자브로콜리죽	
	15일	16일	17일	18일	19일	20일	21일
3주차	소고기감자브로콜리죽	소고기애호박당근죽			소고기아욱표고버섯죽		
	22일	23일	24일	25일	26일	27일	28일
4주차	소고기연두부들깨죽			소고기케일사과죽			소고기단호박사과죽
	29일	30일					
5주차	소고기단호박사과죽						

서아의 초기 2단계 이유식 시간표

이유식	1일 횟수	1~3회
	1회 분량	30~60g
	1일 시간	오전 9시, 오후 5시
수유	1회 분량	500~800ml
간식	1일 횟수	1회

소고기퀴노아미음

준비해주세요
- 불린 쌀 65g(종이컵 ⅓)
- 불린 퀴노아 10g(생략 가능)
- 소고기 60g
- 육수 480ml(p.058을 참고하여 원하는 육수를 만들어주세요)

만드는 법
1. 소고기를 데친 뒤 작게 썰어주세요.
2. 믹서기에 쌀, 퀴노아, 데친 소고기, 육수 100ml를 넣고 곱게 갈아주세요.
3. 냄비에 2와 남은 육수를 넣고 강한 불에 올렸다가, 끓어오르면 약한 불로 줄이고 5~10분 잘 저어가며 끓여주세요.

1-1

1-2

2

3

여기서 잠깐! 서아 아빠 체크
- 소고기는 핏물 제거를 하지 말아주세요. 오히려 철분이 빠져나가요. 소고기 잡내가 걱정된다면 바질, 타임, 마늘 등의 허브로 잡내를 잡아주세요.

소고기미역연두부죽

준비해주세요

- 불린 쌀 65g(종이컵 ½)
- 불린 퀴노아 10g(생략 가능)
- 소고기 60g
- 미역 15g
- 연두부(순두부/으깬 두부) 30g(3큰술)
- 소고기육수 500ml

만드는 법

1. 소고기를 데친 뒤 작게 썰어주세요.
2. 믹서기에 쌀, 퀴노아, 데친 소고기, 미역, 연두부, 육수 100ml를 넣고 곱게 갈아주세요.
3. 냄비에 2와 남은 육수를 넣고 강한 불에 올렸다가, 끓어오르면 약한 불로 줄이고 5~10분 잘 저어가며 끓여주세요.

소고기시금치참깨죽

준비해주세요

- 불린 쌀 65g(종이컵 ⅓)
- 불린 퀴노아 10g(생략 가능)
- 소고기 60g
- 시금치 30g
- 육수 480ml
- 참깨(들깨) 약간(생략 가능)

만드는 법

1. 소고기를 데친 뒤 작게 썰어주세요.
2. 시금치는 뿌리만 제거하고 30초 데친 후 물기를 짜주세요.
3. 믹서기에 쌀, 퀴노아, 데친 소고기, 데친 시금치, 육수 100ml를 넣고 곱게 갈아주세요.
4. 냄비에 3과 남은 육수를 넣고 강한 불에 올렸다가, 끓어오르면 약한 불로 줄이고 5~10분 잘 저어가며 끓여주세요.
5. 참깨를 절구에 빻은 후 완성된 죽 위에 얹어 먹여주세요.

TIP

- 시금치는 줄기를 잘라도 좋지만, 믹서기에 갈기 때문에 넣어주셔도 됩니다. 줄기에 더 많은 영양소가 있어 넣는 게 아기에게 더 좋습니다.

소고기비트연두부죽

준비해주세요

- 불린 쌀 65g(종이컵 ½)
- 불린 퀴노아 10g(생략 가능)
- 소고기 60g
- 비트 30g
- 연두부(으깬 두부) 3큰술
- 육수 480ml

만드는 법

1. 소고기를 데친 뒤 작게 썰어주세요.
2. 비트는 껍질을 벗겨 10분 이상 쪄주세요.
3. 믹서기에 불린 쌀, 퀴노아, 데친 소고기, 찐 비트, 연두부, 육수 100ml를 넣고 곱게 갈아주세요.
4. 냄비에 3과 남은 육수를 넣고 강한 불에 올렸다가, 끓어오르면 약한 불로 줄이고 5~10분 잘 저어가며 끓여주세요.

소고기감자브로콜리죽

준비해주세요

- 불린 쌀 65g(종이컵 ½)
- 불린 퀴노아 10g(생략 가능)
- 소고기 60g
- 감자 50g
- 브로콜리 20g
- 육수 480ml

만드는 법

1. 소고기를 데친 뒤 작게 썰어주세요.
2. 감자를 작게 썰어 10분, 브로콜리 작게 썰어 3분 이상 쪄주세요.
3. 믹서기에 불린 쌀, 퀴노아, 데친 소고기, 찐 감자, 찐 브로콜리, 육수 100ml를 넣고 곱게 갈아주세요.
4. 냄비에 3과 남은 육수를 넣고 강한 불에 올렸다가, 끓어오르면 약한 불로 줄이고 5~10분 잘 저어가며 끓여주세요.

소고기애호박당근죽

준비해주세요
- 불린 쌀 65g(종이컵 ½)
- 불린 퀴노아 10g(생략 가능)
- 소고기 60g
- 애호박 35g
- 당근 15g
- 육수 480ml

만드는 법
1. 소고기를 데친 뒤 작게 썰어주세요.
2. 애호박과 당근은 작게 썰어 10분 이상 쪄주세요.
3. 믹서기에 불린 쌀, 퀴노아, 데친 소고기, 찐 애호박, 찐 당근, 육수 100ml를 넣고 곱게 갈아주세요.
4. 냄비에 3과 남은 육수를 넣고 강한 불에 올렸다가, 끓어오르면 약한 불로 줄이고 5~10분 잘 저어가며 끓여주세요.

소고기아욱표고버섯죽

준비해주세요
- 불린 쌀 65g(종이컵 ⅓)
- 불린 퀴노아 10g(생략 가능)
- 소고기 60g
- 아욱 30g
- 표고버섯 10g
- 육수 480ml

만드는 법
1. 소고기를 데친 뒤 작게 썰어주세요.
2. 다듬은 아욱과 표고버섯을 3분 정도 쪄주세요.
3. 믹서기에 불린 쌀, 퀴노아, 데친 소고기, 찐 아욱, 찐 표고버섯, 육수 100ml를 넣고 곱게 갈아주세요.
4. 냄비에 3과 남은 육수를 넣고 강한 불에 올렸다가, 끓어오르면 약한 불로 줄이고 5분~10분 잘 저어가며 끓여주세요.

TIP
- 아욱은 줄기를 잘라도 좋지만, 믹서기에 갈 거기에 상관없습니다. 줄기에 더 많은 영양소가 있어 넣는 게 아기에게 더 좋습니다.

소고기연두부들깨죽

준비해주세요

- 불린 쌀 65g(종이컵 ⅓)
- 불린 퀴노아 10g(생략 가능)
- 소고기 60g
- 연두부 3큰술
- 들깨 3큰술
- 육수 480ml

만드는 법

1. 소고기를 데친 뒤 작게 썰어주세요.
2. 믹서기에 불린 쌀, 퀴노아, 데친 소고기, 연두부, 육수 100ml를 넣고 곱게 갈아주세요.
3. 들깨를 절구에 빻아 주세요.(들깨는 믹서기에 넣고 갈아도 됩니다.)
4. 냄비에 2와 남은 육수를 넣고 강한 불로 끓여주세요.
5. 끓어오르면 약한 불로 줄이고 5분~10분 잘 저어가며 끓여주다가 빻은 들깨를 넣어 완성해주세요.

소고기케일사과죽

준비해주세요

- 불린 쌀 65g(종이컵 ½)
- 불린 퀴노아 10g(생략 가능)
- 소고기 60g
- 케일 15g
- 사과 50g
- 육수 480ml

만드는 법

1. 소고기를 데친 뒤 작게 썰어주세요.
2. 케일과 사과는 10분 이상 쪄주세요.
3. 믹서기에 불린 쌀, 퀴노아, 데친 소고기, 연두부, 육수 100ml를 넣고 곱게 갈아주세요.
4. 들깨를 절구에 빻아 주세요.(들깨는 믹서기에 넣고 갈아도 됩니다.)
5. 냄비에 2와 남은 육수를 넣고 강한 불로 끓여주세요.
6. 냄비에 3과 남은 육수를 넣고 강한 불에 올렸다가, 끓어오르면 약한 불로 줄이고 5~10분 잘 저어가며 끓여주세요.

소고기단호박사과죽

준비해주세요

- 불린 쌀 65g(종이컵 ⅓)
- 불린 퀴노아 10g(생략 가능)
- 소고기 60g
- 단호박 50g
- 사과 35g
- 육수 480ml

만드는 법

1. 소고기를 데친 뒤 작게 썰어주세요.
2. 껍질을 벗긴 단호박과 사과를 20분 이상 쪄주세요.
3. 믹서기에 불린 쌀, 퀴노아, 데친 소고기, 찐 단호박, 찐 사과, 육수 100ml를 넣고 곱게 갈아주세요.
4. 냄비에 3과 남은 육수를 넣고 강한 불로 끓이다가, 끓어오르면 약한 불로 줄이고 5~10분 잘 저어가며 끓여주세요.

1-1

1-2

2

3

4

초기 이유식 간식

알록달록, 다양한 색의 과일을 여러 가지 섭취하면 아기의 건강에 더 좋다고 해요. 단, 과일은 최대한 조금씩 주세요. 서아 아빠가 말하길, 아기가 단맛에 길들여지면 자극적인 음식만 찾게 되고 나중에 소아 당뇨 등이 올 위험이 있다고 합니다. 그래서 저는 이유식 초반에 달지 않은 사과, 딸기, 토마토, 아보카도를 주로 주었습니다. 스테비아는 무조건 피했어요.

요거트는 꼭 플레인으로 먹이세요. 보통 2단계 요거트부터 단맛이 추가되는데, 여기에 함유된 과당이나 향료 등이 아이에게 안 좋을 수 있으니 꼭 플레인요거트를 추천합니다. 요거트에 갈아놓은 과일과 함께 먹인다면 영양도 배가 되겠지요.

시간이 없는 날 혹은 외출 준비를 하는 날, 아기 치즈를 여러 조각으로 잘라 전자레인지에 2분 돌려 치즈과자를 만들어 나갔어요. 비싼 아기 떡뻥도 명절 때 얼려놨던 떡국 떡으로 간단히 만들 수 있어요. 가끔씩 딱딱한 부분이 나올 수 있는데 서아가 근지러운 잇몸으로 과자를 갉아먹는 모습이 얼마나 귀여웠는지 몰라요. 이제 집에서 손쉽게 만들어보세요.

떡뻥

준비해주세요

- 떡국용 쌀떡
- 전자렌지용 뚜껑 있는 내열 용기

만드는 법

1. 떡국용 쌀떡을 실내에 2~3일 정도 바짝 말립니다.
2. 내열용기 안에 말린 떡을 넣고 뚜껑을 닫아 5분간 돌려주세요.

초간단 치즈과자

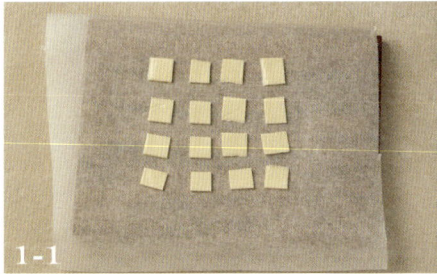

준비해주세요
- 아기 치즈 1장

만드는 법
1 아기 치즈를 먹기 좋은 크기로 잘라 종이 호일 위에 올리고, 전자레인지에 2분 돌려주세요.

TIP
- 꼭 아기 치즈로 해주세요. 다른 치즈는 과자처럼 되지 않아요.

식빵우유죽

준비해주세요

- 식빵 1장
- 우유(분유/모유) 200ml

만드는 법

1. 식빵은 테두리를 다듬어주세요.
2. 냄비에 식빵과 우유를 넣고 약불로 끓여주세요.
3. 중간중간 식빵을 잘게 찢으면서 저어주세요.

사과퓨레

준비해주세요

◦ 사과 ½개

만드는 법

1 사과를 베이킹소다로 깨끗이 세척한 뒤, 껍질을 깎아주세요.

2 껍질을 깎은 사과를 강판에 갈아주세요.

배퓨레

준비해주세요

○ 배 ¼개

만드는 법

1 배를 베이킹소다로 깨끗이 세척 한뒤, 껍질을 깎아주세요.

2 껍질을 깎은 배를 강판에 갈아주세요.

고구마퓨레

준비해주세요
- 고구마 100g(½개)
- 우유(분유/모유/물) 30ml

만드는 법
1. 고구마를 찐 뒤, 껍질을 벗겨주세요(굽거나 삶기 가능).
2. 찐 고구마를 으깨주세요.
3. 으깬 고구마에 원하는 농도로 우유를 섞어주세요.

바나나퓨레

준비해주세요

◦ 바나나 1개

만드는 법

1　바나나를 찜기에 5분 정도 쪄주세요.

2　찐 바나나를 포크나 으깨기 도구로 으깨주세요.

브로콜리고구마퓨레

준비해주세요
- 고구마 100g(½개)
- 브로콜리 10g
- 우유(분유/모유/물) 30ml

만드는 법
1. 잘게 자른 고구마와 브로콜리를 10분 이상 쪄주세요.
2. 찐 고구마와 브로콜리를 믹서기에 넣고, 원하는 농도에 맞춰 우유를 넣고 갈아주세요.

TIP
- 브로콜리와 같이 익히려면, 고구마를 얇게 썰어주세요.
- 브로콜리 꼭지는 잘라도 좋지만, 믹서기에 갈 거기에 상관없습니다. 줄기에 더 많은 영양소가 있어 넣는 게 아기에게 좋습니다.

아스파라거스감자퓨레

준비해주세요
- 아스파라거스 20g(2줄)
- 감자 60g(½개)
- 우유(분유/모유/물) 30ml

만드는 법

1 아스파라거스와 감자는 껍질을 벗긴 뒤 잘게 잘라주세요.

2 다듬은 아스라파거스와 감자는 10분 이상 쪄주세요.

3 찐 아스파라거스와 감자를 믹서기에 넣고, 원하는 농도에 맞춰 우유를 넣고 갈아주세요.

과일우유퓨레 3종

준비해주세요

- (산)딸기 70g(약 5알)
- 멜론 50g
- 블루베리 50g
- 아보카도 50g
- 우유(분유/모유/물) 15ml(1큰술)

만드는 법

1 꼭지를 제거한 딸기에 우유를 넣고 믹서기에 갈아주세요.

2 씨를 뺀 후 적당한 크기로 자른 멜론과 블루베리에 우유를 넣고 믹서기에 갈아주세요.

3 씨를 뺀 후 적당한 크기로 자른 멜론과 아보카도에 우유를 넣고 믹서기에 갈아주세요.

플레인요거트와 퓨레

준비해주세요
- 플레인요거트 85g(종이컵 1)
- 과일우유퓨레

만드는 법
1. 플레인요거트에 만들어둔 과일우유퓨레(p.160)를 넣고 잘 섞어주세요.

중기 이유식

『정조지』에 기록된 이유식 주요 식재료 : 중기

조선시대 궁중 음식 백과사전인 『정조지』에 기록되어 있는 식재료입니다. 궁중에서 쓰던 식재료로 소중한 우리 아기를 더욱 튼튼하게 만들어봐요.

닭고기

조선시대 귀한 식재료였던 닭고기는 『정조지』에 금류(禽類)로 분류되어 있으며, 「도경본초」의 기록에 따르면 닭은 성질이 평안하고 따뜻하며 독이 없다고 기록되어 있습니다. 「도경본초」에는 야윈 몸을 보호하는 데 매우 좋다고 기록되어 있습니다.

현대 의학에서 닭고기는 단백질을 비롯하여 콜라겐, 메티오닌, 나이아신, 이미다졸펩타이드, 각종 비타민, 철이 함유되어 있다고 합니다. 또한 레티놀 성분이 풍부해 눈과 피부 건강에 좋으며, 불포화지방산과 리놀레산이 풍부하게 들어있어 동맥경화, 심장병 질환 예방은 물론, 암 발생 억제를 돕는다고 합니다.

오리고기

조선시대 귀한 식재료였던 오리고기는 『정조지』에 금류(禽類)로 분류되어 있으며, 「명의별록」에 따르면 허한 것을 보하고 객열(客熱/합병증으로 몸에 나는 열)을 제거하며, 장부를 조화롭게 하고 수도를 통하게 한다고 되어있습니다. 또 「식료본초」에는 소금에 절여 먹으면 좋다고 기록되어 있고, 병자에게 유익한 식재료라고 소개되어 있습니다.

현대 의학에서 오리고기는 풍부한 단백질과 무기질, 비타민E, 비타민K, 비타민D와 신경계 유지에 좋은 비타민B를 포함하고 있다고 합니다. 또한 오메가3와 오메가6 지방산이 함유되어 있어 혈관 건강에 중요한 역할하고, 칼륨 함유로 혈압을 낮춘다고 합니다. 특히 철분이 풍부하여 성장기 아기에게 정말 좋습니다.

시금치

『정조지』의 「식료본초」에 따르면 시금치는 오장을 잘 통하게 하고 장위(腸胃/위와 창자를 아울러 이르는 말)의 열을 소통시키며 술독을 풀어준다고 기록되어 있습니다. 「본초강목」에는 기를 내리고 속을 조화롭게 하여 갈증을 멈춰 건조한 기운을 적셔준다고 기록되어 있습니다. 또한 시금치는 여러 죽의 효능을 담은 「제죽식치」에도 기록되어 있는데, 그중 시금치죽은 '파릉채죽'이라 불리며 조리되었으며, 시금치가 속을 편안하게 하고 마른 것을 윤택하게 한다고 나와 있습니다.

현대 의학에서 시금치는 녹황색 채소로서 완전식품으로 표기되며, 철분과 엽산이 풍부하여 기형아 출산 방지 및 치매 예방 등에 효과적이라고 나와 있습니다. 특히 참깨와 함께 섭취하면 깨의 단백질과 지방이 시금치의 부족한 부분을 조화롭게 채워준다고 합니다.

호박

호박은 『정조지』에 채소류로 분류되어 있습니다. 맛은 달고 성질은 따뜻하며, 속을 보하고 기운을 북돋아주며, 독이 없다고 기록되어 있습니다.

현대 의학에서 호박은 풍부하게 함유된 비타민A와 베타카로틴이 노화를 억제하고 성인병을 예방해준다고 합니다. 껍질에는 강력한 항산화 물질인 페놀산이 다량 함유되어 있어 건강에 아주 좋다고 합니다.

무

『정조지』의 「당본초」에 따르면 무는 기를 내리고 곡식을 잘 소화시켜 속을 편하게 하고 담벽을 제거하여 사람을 살찌고 튼튼하게 한다고 합니다. 「사성본초」에는 관절을 부드럽게 하고 안색을 다스리고 몸의 나쁜 기운과 열기를 제거한다고 나와있습니다.

현대 의학에서 무는 소화 촉진과 해독 기능이 있다고 나와 있습니다. 각종 비타민과 단백질, 엽산, 철분, 칼슘, 칼륨 또한 함유하고 있다고 합니다.

중기 1단계 이유식 특징 (7배죽)

서아의 첫 단어 '엄마'를 들었어요. 너무 감동받아 눈물이 났어요. 빨리 촬영장으로 가야 하는데, 엄마를 부르는 서아를 안아주느라 지각을 할까 항상 조마조마했어요.

서아의 옹알이가 더욱 늘었어요. 이제는 손으로 물건도 잘 잡으며 혼자 능숙하게 앉고 어디든 자유롭게 기어다녔어요. 가끔씩 밤마다 서아가 깨서 자지러지게 울기 시작했어요. 많이 걱정했는데 다행히 이가 올라와서 그런 거더라고요. 잇몸을 많이 간지러워하니 치발기를 준비해주세요. 치발기가 없다면 가제 수건도 좋아요. 이가 올라올 때 잇몸이 뜨거워지기 때문에 세탁한 가제 수건에 물을 적셔 깨끗한 봉지에 담은 후 냉동실에 살짝 얼려주면 오물오물 씹으면서 좋아해요. 잇몸으로 씹을 수 있는 핑거푸드나 채소스틱(p.224), 떡뻥(p.142) 등의 간식을 줘도 좋아요. 우리 아기가 낯가림이 심해져도 놀라지 마세요. 돌이 지나면 대부분 사라지더라고요. 드디어 컵으로 물 먹는 연습도 시작되었어요. 작은 손으로 컵을 움켜쥔 모습이 얼마나 귀여운지 몰라요.

올바른 성장을 위해 이유식 섭취가 더욱 중요해졌어요. 이유식을 많이 섭취할 수 있게 반드시 수유는 이유식 후에 해주세요.

밥솥의 이용

중기부터는 밥솥을 이용하였어요. 장점은 생 재료도 따로 데치거나 익힐 필요 없이 잘게 다져 한꺼번에 밥솥에 넣어 죽 기능으로 조리하기에 손쉽다는 점입니다. 냄비에 하시는 분들도 같은 방법으로 하시면 돼요. 단, 초기 이유식과 달리 냄비에 눌러 붙지 않게 계속 저어줘야 하는 번거로움이 있어요.

허브와 각종 향신료들의 사용

우리나라 이유식 책들은 대부분 줄기 및 껍질을 제거하거나, 돼지고기, 달걀, 새우같은 알레르기 유발 식품은 최대한 늦게, 마늘, 파, 그 외 허브들도 완료기 때 시도하라고 하잖아요.
하지만 해외 이유식 서적들을 읽어본 결과 외국 아기들은 6개월부터 모든 재료들을 섭취하더라고요. 유럽 같은 경우는 모든 이유식 조리에 허브를 많이 이용하고 있어요. 딜과 타임도요. 아기가 많은 맛을 느끼면 느낄수록 두뇌 발달에 좋다고 해요. 그래서 저도 서아가 6개월이 됐을 때부터 모든 재료와 허브들을 하나씩 시도했어요. 맛의 풍미는 더 깊어지고 영양도 올라가 서아의 입도 얼마나 즐거웠는지 몰라요. 단, 식품 알레르기에 민감한 아이들은 후기부터 시도하시는 걸 추천드립니다.

중기 1단계 이유식 식단표

	1일	2일	3일	4일	5일	6일	7일
1주차	닭고기브로콜리팽이버섯죽			소고기콜리플라워고구마죽			닭고기단호박올리브유
	8일	9일	10일	11일	12일	13일	14일
2주차	닭고기단호박올리브유		소고기단호박브로콜리죽			대구오징어양파죽	
	15일	16일	17일	18일	19일	20일	21일
3주차	대구오징어양파죽	닭고기감자마늘브로콜리죽				소고기연근당근죽	
	22일	23일	24일	25일	26일	27일	28일
4주차	닭고기달걀시금치죽			오리고기단호박부추죽			대구새우배추죽
	29일	30일					
5주차	대구새우배추죽						

서아의 중기 1단계 이유식 시간표

이유식	1일 횟수	2~3회
	1회 분량	80~120g
	1일 시간	오전 9시, 오후 1시, 오후 5시
수유	1회 분량	500~800ml
간식	1일 횟수	1~2회

닭고기브로콜리팽이버섯죽

준비해주세요

- 불린 쌀 65g(종이컵 ⅓)
- 불린 퀴노아 10g(생략 가능)
- 닭고기 50g
- 브로콜리 30g
- 팽이버섯 10g
- 육수 455ml

만드는 법

1. 닭고기를 데쳐주세요.
2. 브로콜리는 작게 썰어 3분, 팽이버섯은 1분 정도 쪄주세요.
3. 믹서기에 불린 쌀, 퀴노아, 데친 닭, 찐 브로콜리, 찐 팽이버섯, 육수 100ml를 넣고 갈아주세요(농도에 맞게 육수 양을 조절해주세요).
4. 밥솥에 3과 남은 육수를 넣고 '죽 기능'을 눌러 완성해주세요. 냄비의 경우, 끓어오르면 약한 불로 줄인 뒤 육수를 추가해가며 농도를 맞춰주세요.

소고기콜리플라워고구마죽

준비해주세요
- 불린 쌀 65g(종이컵 ⅓)
- 불린 퀴노아 10g(생략 가능)
- 소고기 150g
- 콜리플라워 30g
- 고구마 40g
- 육수 455ml

만드는 법
1. 소고기를 데쳐주세요.
2. 작게 자른 콜리플라워와 껍질을 제거한 고구마를 10분 이상 쪄주세요.
3. 믹서기에 불린 쌀, 퀴노아, 데친 소고기, 찐 콜리플라워, 찐 고구마, 육수 100ml를 넣고 갈아주세요(농도에 맞게 육수 양을 조절해주세요).
4. 밥솥에 3과 남은 육수를 넣고 '죽 기능'을 눌러 완성해주세요. 냄비의 경우, 끓어오르면 약한 불로 줄인 뒤 육수를 추가해가며 농도를 맞춰주세요.

닭고기단호박올리브유

준비해주세요

- 불린 쌀 65g(종이컵 ½)
- 불린 퀴노아 10g(생략 가능)
- 닭고기 100g
- 단호박 35g
- 올리브유 약간
- 육수 455ml

만드는 법

1. 닭고기를 데쳐주세요.
2. 껍질을 제거한 단호박을 쪄주세요.
3. 믹서기에 불린 쌀, 퀴노아, 데친 닭고기, 찐 단호박, 육수 100ml를 넣고 갈아주세요.(농도에 맞게 육수 양을 조절해주세요).
4. 밥솥에 3과 남은 육수를 넣고 '죽 기능'을 눌러 완성해주세요. 냄비의 경우, 끓어오르면 약한 불로 줄인 뒤 육수를 추가해가며 농도를 맞춰주세요.
5. 완성된 죽에 올리브유를 토핑해주세요.

TIP

- 엑스트라 버진 올리브유 토핑을 통해 비타민A 흡수율을 높입니다.
- 닭고기를 많이 넣으면 퍽퍽해져 아이들이 뱉어낼 수도 있어요.
- 갈아놓은 생 닭고기는 바로 밥솥에 넣어 조리해도 됩니다.

소고기단호박브로콜리죽

준비해주세요

- 불린 쌀 65g(종이컵 ⅓)
- 불린 퀴노아 10g(생략 가능)
- 소고기 150g
- 단호박 35g
- 브로콜리 15g
- 육수 455ml

만드는 법

1. 소고기를 데쳐주세요.

2. 껍질을 제거한 단호박을 찌다가 익어갈 때쯤, 브로콜리를 함께 쪄주세요.

3. 믹서기에 불린 쌀, 퀴노아, 데친 소고기, 찐 단호박, 찐 브로콜리, 육수 100ml를 넣고 갈아주세요(농도에 맞게 육수 양을 조절해주세요).

4. 밥솥에 2와 남은 육수를 넣고 '죽 기능'을 눌러 완성해주세요. 냄비의 경우, 끓어오르면 약한 불로 줄인 뒤 육수를 추가해가며 농도를 맞춰주세요.

대구오징어양파죽

준비해주세요

- 불린 쌀 65g(종이컵 ⅓)
- 불린 퀴노아 10g(생략 가능)
- 대구 30g
- 오징어 15g
- 양파 25g
- 육수 455ml

만드는 법

1. 대구와 오징어를 쪄주세요(데치기 가능).

2. 믹서기에 불린 쌀, 퀴노아, 찐 대구살, 찐 오징어, 양파, 육수 100ml를 넣고 갈아주세요(농도에 맞게 육수 양을 조절해주세요).

3. 밥솥에 2와 남은 육수를 넣고 '죽 기능'을 눌러 완성해주세요. 냄비의 경우, 끓어오르면 약한 불로 줄인 뒤 육수를 추가해가며 농도를 맞춰주세요.

닭고기감자마늘브로콜리죽

준비해주세요

- 불린 쌀 65g(종이컵 ⅓)
- 불린 퀴노아 10g(생략 가능)
- 닭고기 50g
- 감자 40g
- 마늘 3g(약 1개)
- 브로콜리 30g
- 육수 455ml

만드는 법

1. 닭고기를 데쳐주세요.

2. 껍질을 벗긴 감자, 마늘, 브로콜리는 10분 이상 쪄주세요.

3. 믹서기에 불린 쌀, 퀴노아, 데친 닭고기, 찐 감자, 마늘, 육수 100ml를 넣고 갈아주세요(농도에 맞게 육수 양을 조절해주세요).

4. 밥솥에 3과 남은 육수를 넣고 '죽 기능'을 눌러 완성해주세요. 냄비의 경우, 끓어오르면 약한 불로 줄인 뒤 육수를 추가해가며 농도를 맞춰주세요.

TIP

- 브로콜리는 줄기를 제거해도 좋지만, 믹서기에 갈기 때문에 넣어주셔도 됩니다. 줄기에 영양소가 더 많습니다.

소고기연근당근죽

준비해주세요

- 불린 쌀 65g(종이컵 ⅓)
- 불린 퀴노아 10g(생략 가능)
- 소고기 150g
- 연근 40g
- 당근 15g
- 육수 455ml

만드는 법

1 소고기를 데쳐주세요.

2 찜통에 작게 자른 연근과 당근을 넣고 10분 이상 찌거나 물에 데쳐주세요.

3 믹서기에 불린 쌀, 퀴노아, 데친 소고기, 찐 연근, 당근, 육수 100ml를 넣고 갈아주세요(농도에 맞게 육수 양을 조절해주세요).

4 밥솥에 3과 남은 육수를 넣고 '죽 기능'을 눌러 완성해주세요. 냄비의 경우, 끓어오르면 약한 불로 줄인 뒤 육수를 추가해가며 농도를 맞춰주세요.

닭고기달걀시금치죽

준비해주세요

- 불린 쌀 65g(종이컵 ⅓)
- 불린 퀴노아 10g(생략 가능)
- 닭고기 50g
- 시금치 20g
- 달걀 1개
- 육수 455ml

만드는 법

1. 닭고기를 데쳐주세요.
2. 시금치를 물에 1분 정도 데친 후 물기를 짜주세요.
3. 믹서기에 불린 쌀, 퀴노아, 데친 닭고기, 시금치, 육수 100ml를 넣고 갈아주세요(농도에 맞게 육수 양을 조절해주세요).
4. 밥솥에 3, 계란 푼 것, 남은 육수를 넣고 '죽 기능'을 눌러 완성해주세요. 냄비의 경우, 끓어오르면 약한 불로 줄인 뒤 육수를 추가해가며 농도를 맞춰주세요.

TIP

- 믹서기 사용을 안 하시고 시금치를 다질 경우, 줄기는 제거해주세요.
- 알레르기 유발 식품인 달걀은 돌 전에 먹여야 알레르기 유발이 덜하다는 연구 결과가 있습니다. 아기의 체질에 맞게 잘 선택해주세요.

오리고기단호박부추죽

준비해주세요

- 불린 쌀 65g(종이컵 ½)
- 불린 퀴노아 10g(생략 가능)
- 오리고기 50g
- 단호박 40g
- 부추 3g
- 육수 455ml

만드는 법

1. 오리고기를 데쳐주세요.
2. 껍질을 제거한 단호박을 쪄주세요.
3. 믹서기에 불린 쌀, 퀴노아, 데친 오리고기, 찐 단호박, 부추, 육수 100ml를 넣고 갈아주세요(농도에 맞게 육수 양을 조절해주세요).
4. 밥솥에 3과 남은 육수를 넣고 '죽 기능'을 눌러 완성해주세요. 냄비의 경우, 끓어오르면 약한 불로 줄인 뒤 육수를 추가해가며 농도를 맞춰주세요.

대구새우배추죽

이제부터는 알갱이를 좀 더 크게 만들 거예요. 아기가 씹는 운동을 할수록 머리가 좋아지고 여러 발달에 좋은 영향을 끼친다고 해요. 『정조지』의 「도경본초」에 따르면 최고의 궁합입니다. 배추가 생선의 비린내도 잡아줘요.

준비해주세요

- 불린 쌀 65g(종이컵 ½)
- 불린 퀴노아 10g(생략 가능)
- 대구살 30g
- 새우살 25g
- 배추 25g(약 한 장)
- 육수 455ml

만드는 법

1 대구와 새우살을 쪄주세요. (데치기 가능)

2 믹서기에 불린 쌀, 퀴노아, 찐 대구살, 찐 새우살, 배추, 육수100ml를 넣고 갈아주세요.(농도에 맞게 육수 양을 조절해주세요).

3 밥솥에 2와 남은 육수를 넣고 '죽 기능'을 눌러 완성해주세요. 냄비의 경우, 끓어오르면 약한 불로 줄인 뒤 육수를 추가해가며 농도를 맞춰주세요.

중기 2단계 이유식 특징(7배죽)

돼지고기의 활용

7~8개월 중기부터는 돼지고기를 이유식에 이용했어요. 돼지고기는 지방 함량이 높고, 기생충 감염 위험이 있어 무조건 돌 지난 후에 먹여야 한다고 알고 계시는 분들이 많은데, 사실 그렇지 않습니다. 여러 연구 결과들을 토대로 너무나 좋은 영양소를 포함하고 있는 돼지고기를 서아는 일찍부터 먹기 시작했습니다.

현대 의학 정보에서 소고기, 닭고기, 오리고기보다도 더욱 높은 단백질을 함유하고 있는 돼지고기는 나이아신, 철분, 아연, 비타민B6, 비타민B12의 함유와 셀레늄, 인, 9가지 필수아미노산을 모두 함유하고 있어 병원에서 환자식으로 자주 이용되는 단골 식재료입니다. 특히 복분자와 양파가 좋은 궁합을 자랑하는데요. 높은 온도에서 조리할 때 생기는 헤테로사이클릭아민(HCAs)이라는 성분이 육류와 어류의 발암 물질을 억제합니다.

앞서 이야기하였지만, 서아는 소고기보다 높은 단백질을 함유하고 있는 돼지고기를 6개월부터 먹었습니다. 삼겹살처럼 지방이 많은 부위를 하루 이상, 세 끼 연속으로 먹인다면 장기에 무리를 일으킬 것 같아 기름이 적은 부위나 안심을 이용했어요. 뒷다리살과 앞다리살도 괜찮아요. 단, 식품 알레르기에 민감한 아이들은 후기부터 시도하시는 걸 추천드립니다.

중기 2단계 이유식 식단표

	1일	2일	3일	4일	5일	6일	7일
1주차	돼지고기양파버섯죽			소고기아욱표고버섯죽			닭고기양파우유바질죽
	8일	9일	10일	11일	12일	13일	14일
2주차	닭고기양파우유바질죽		대구적채두부죽			돼지고기양파복분자죽	
	15일	16일	17일	18일	19일	20일	21일
3주차	돼지고기양파복분자죽	소고기토마토치즈바질죽			소고기비트브로콜리죽		
	22일	23일	24일	25일	26일	27일	28일
4주차	닭고기청경채고구마양파타임죽			소고기두부양파당근마늘죽			대구새우무죽
	29일	30일					
5주차	대구새우무죽						

서아의 중기 2단계 이유식 시간표

이유식	1일 횟수	2~3회
	1회 분량	80~120g
	1일 시간	오전 9시, 오후 1시, 오후 5시
수유	1회 분량	500~800ml
간식	1일 횟수	1~2회

돼지고기양파버섯죽

준비해주세요

- 불린 쌀 65g(종이컵 ½)
- 불린 퀴노아 10g(생략 가능)
- 돼지고기 안심 혹은 등심 150g
- 양파 20g
- 각종 버섯 30g
- 육수 455ml

만드는 법

1. 돼지고기를 데쳐주세요.
2. 양파와 각종 버섯을 5분 정도 쪄주세요.
3. 믹서기에 불린 쌀, 퀴노아, 데친 돼지고기, 찐 양파, 찐 버섯, 육수 100ml를 넣고 갈아주세요(농도에 맞게 육수 양을 조절해주세요).
4. 밥솥에 3과 남은 육수를 넣고 '죽 기능'을 눌러 완성해주세요. 냄비의 경우, 끓어오르면 약한 불로 줄인 뒤 육수를 추가해가며 농도를 맞춰주세요.

소고기아욱표고버섯죽

준비해주세요

- 불린 쌀 65g(종이컵 ⅓)
- 불린 퀴노아 10g(생략 가능)
- 소고기 150g
- 아욱 20g
- 표고버섯 20g
- 육수 455ml

만드는 법

1. 소고기를 데쳐주세요.

2. 아욱과 표고버섯을 3분 이상 쪄주세요.

3. 믹서기에 불린 쌀, 퀴노아, 데친 소고기, 찐 아욱, 찐 표고버섯, 육수 100ml를 넣고 갈아주세요(농도에 맞게 육수 양을 조절해주세요).

4. 밥솥에 3과 남은 육수를 넣고 '죽 기능'을 눌러 완성해주세요. 냄비의 경우, 끓어오르면 약한 불로 줄인 뒤 육수를 추가해가며 농도를 맞춰주세요.

닭고기양파우유바질죽

준비해주세요

- 불린 쌀 65g(종이컵 ½)
- 불린 퀴노아 10g(생략 가능)
- 닭고기 50g
- 양파 25g
- 바질 3g(3잎)(생략 가능)
- 우유 650ml

만드는 법

1. 닭고기를 데쳐주세요.

2. 양파를 쪄주세요.

3. 믹서기에 불린 쌀, 퀴노아, 데친 닭고기, 찐 양파, 우유 100ml를 넣고 갈아주세요(농도에 맞게 우유 양을 조절해주세요).

4. 밥솥에 3과 남은 우유를 넣고 '죽 기능'을 눌러 완성해 주세요. 냄비의 경우, 끓어오르면 약한 불로 줄인 뒤 육수를 추가해가며 농도를 맞춰주세요.

5. 완성된 죽에 다진 바질을 올려주세요.

대구적채두부죽

준비해주세요

- 불린 쌀 65g(종이컵 ½)
- 불린 퀴노아 10g(생략 가능)
- 대구살 30g
- 적채 25g
- 연두부(으깬 두부 가능) 80g
- 멸치다시마육수 455ml

만드는 법

1. 대구살을 쪄주세요(데치기 가능).

2. 믹서기에 불린 쌀, 퀴노아, 찐 대구살, 적채, 연두부, 멸치다시마육수 100ml를 넣고 갈아주세요(농도에 맞게 육수 양을 조절해주세요).

3. 밥솥에 2와 남은 육수를 넣고 '죽 기능'을 눌러 완성해주세요. 냄비의 경우, 끓어오르면 약한 불로 줄인 뒤 육수를 추가해가며 농도를 맞춰주세요.

돼지고기양파복분자죽

준비해주세요

- 불린 쌀 65g(종이컵 ⅓)
- 불린 퀴노아 10g(생략 가능)
- 돼지고기 안심이나 등심 150g
- 양파 20g
- 복분자 20g
- 육수 455ml

만드는 법

1. 돼지고기를 데쳐주세요.

2. 양파를 5분 정도 쪄주세요.

3. 믹서기에 불린 쌀, 퀴노아, 데친 돼지고기, 찐 양파, 복분자를 넣고 갈아주세요.

4. 밥솥에 3과 남은 육수를 넣고 '죽 기능'을 눌러 완성해주세요. 냄비의 경우, 끓어오르면 약한 불로 줄인 뒤 육수를 추가해가며 농도를 맞춰주세요.

TIP

- 여름에 나는 복분자를 주문해 소포장하여 냉동실에 얼려두고 사용하면 좋아요.

소고기토마토치즈바질죽

준비해주세요

- 불린 쌀 65g(종이컵 ½)
- 불린 퀴노아 10g(생략 가능)
- 다진 소고기 60g
- 토마토 380~400g(약 3개)
- 양파 50g(½개)
- 아기 치즈 1장
- 바질 6g(6장 이상)(생략 가능)
- 버터(올리브유) 10g
- 닭육수(치킨스톡) 455ml

만드는 법

1. 토마토 꼭지 반대편에 십자 모양 칼집을 낸 후, 끓는 물에 10분 정도 데쳐 준 뒤, 찬물에 담가 껍질을 벗겨주세요.
2. 껍질 벗긴 토마토를 곱게 으깨주거나 갈아주세요.
3. 양파를 다져주세요.
4. 프라이팬에 버터를 두르고 다진 소고기, 다진 양파를 약한 불에서 볶아주세요.
5. 4에 으깬 토마토를 넣고 20분 정도 저어주며 끓여주세요.
6. 믹서기에 불린 쌀, 육수 100ml를 갈아주세요(농도에 맞게 육수 양을 조절해주세요).
7. 냄비에 간 쌀, 남은 육수 넣고 농도를 맞춰가며 끓여주세요.
8. 6에 5를 섞은 뒤, 다진 바질을 올려주세요(빵이나 파스타를 잘게 자르거나 마카로니를 잘게 잘라 소스를 뿌려먹어도 좋습니다).

TIP

- 토마토홀이나 시판되는 토마토소스는 방부제나 보관법 등이 문제가 될 수 있기에 생 토마토를 이용해 이유식을 만들어주시면 좋아요.
- 버터는 발화점이 낮기에 잘 탑니다. 서서히 약불에 익혀주세요.
- 아기 이가 늦게 난다면, 소고기를 통째로 믹서기에 갈아주는 걸 추천드립니다.

소고기비트브로콜리죽

준비해주세요

- 불린 쌀 65g(종이컵 ½)
- 불린 퀴노아 10g(생략 가능)
- 소고기 150g
- 비트(황금비트) 30g
- 브로콜리 15g
- 육수 455ml

만드는 법

1 소고기를 데쳐주세요.

2 비트를 작게 잘라 브로콜리와 함께 5분 이상 쪄주세요.

3 믹서기에 불린 쌀, 퀴노아, 데친 소고기, 찐 비트, 찐 브로콜리, 육수 100ml를 넣고 갈아줍니다.

4 밥솥에 3과 남은 육수를 넣고 '죽 기능'을 눌러 완성해주세요. 냄비의 경우, 끓어오르면 약한 불로 줄인 뒤 육수를 추가해가며 농도를 맞춰주세요.

닭고기청경채고구마양파타임죽

준비해주세요

- 불린 쌀 65g(종이컵 ⅓)
- 불린 퀴노아 10g(생략 가능)
- 닭고기 50g
- 청경채 15g
- 고구마 40g
- 양파 15g
- 타임 4~5잎(생략 가능)
- 육수 455ml

만드는 법

1. 닭고기를 데쳐주세요.
2. 껍질을 제거한 고구마, 청경채, 양파를 5분 이상 쪄주세요.
3. 믹서기에 불린 쌀, 퀴노아, 데친 닭고기, 찐 고구마, 찐 청경채, 찐 양파, 육수 100ml를 넣고 갈아줍니다.
4. 밥솥에 3과 남은 육수를 넣고 '죽 기능'을 눌러 완성해주세요. 냄비의 경우, 끓어오르면 약한 불로 줄인 뒤 육수를 추가해가며 농도를 맞춰주세요.
5. 완성된 죽에 타임을 뿌려줍니다.

TIP

- 청경채는 많이 넣으면 쓴맛이 강해지므로 적당히 넣어주세요.

소고기두부양파당근마늘죽

준비해주세요

- 불린 쌀 65g(종이컵 ½)
- 불린 퀴노아 10g(생략 가능)
- 소고기 150g
- 두부 110g(약 ⅓모)
- 양파 20g
- 당근 20g
- 마늘 3g(약 1개)
- 올리브유 약간
- 육수 455ml

만드는 법

1. 소고기를 데쳐주세요
2. 두부를 으깨주세요.
3. 양파, 당근, 마늘을 잘게 다진 후 프라이팬에 올리브유를 두르고 중간 불에서 볶아주세요.
4. 믹서기에 불린 쌀, 퀴노아, 데친 소고기, 육수 100ml를 넣고 갈아줍니다.
5. 밥솥에 으깬 두부, 3, 4, 남은 육수를 넣고 '죽 기능'을 눌러 완성해주세요. 냄비의 경우, 끓어오르면 약한 불로 줄인 뒤 육수를 추가해가며 농도를 맞춰주세요.

대구새우무죽

준비해주세요

- 불린 쌀 65g(종이컵 ½)
- 불린 퀴노아 10g(생략 가능)
- 대구살 30g
- 새우살 25g
- 무 35g
- 육수 455ml

만드는 법

1. 대구와 새우를 10분 이상 쪄주세요(데치기 가능).
2. 믹서기에 불린 쌀, 퀴노아, 찐 대구살, 찐 새우살, 무, 육수 100ml를 넣고 갈아주세요(농도에 맞게 육수 양을 조절해주세요).
3. 밥솥에 2와 남은 육수를 넣고 '죽 기능'을 눌러 완성해주세요. 냄비의 경우, 끓어오르면 약한 불로 줄인 뒤 육수를 추가해가며 농도를 맞춰주세요.

중기 이유식 간식

6개월이 되자 서아가 잇몸이 간지러운지, 단호박빵이나 새콤달콤하고 부드러운 과일 등을 주니 너무 좋아했어요. 간식을 한입 먹으면 신나하면서 주먹을 쥐고 팔을 흔들며 소리 지르는데 얼마나 귀여웠는지 몰라요. 단, 식품 알레르기에 민감한 아기들은 달걀과 땅콩 섭취를 후기 이유식부터 시도하기를 추천드립니다.

구운버터바나나

준비해주세요

- 바나나 1개
- 무염버터 10g
- 슈가파우더 약간(생략 가능)

만드는 법

1. 프라이팬에 약한 불로 버터를 녹인 후, 바나나를 세로 반으로 잘라 구워주세요.
2. 5분 정도 구운 후 슈가파우더를 뿌려 완성해주세요.

유자마들렌

준비해주세요

- 유자차 15ml(1큰술)
- 박력분밀가루 50g
- 버터 45g
- 달걀 1개
- 베이킹파우더 ½티스푼

만드는 법

1. 버터를 녹여주세요.
2. 밀가루와 베이킹파우더를 체에 곱게 걸러주세요.
3. 볼에 녹인 버터, **2**, 달걀, 유자차를 넣고 잘 섞어주세요.
4. 빵틀에 **3**을 넣고 오븐에 180℃에서 10~15분 구워주세요.

단호박빵

준비해주세요

- 미니단호박 200g(½개)
- 달걀 1개
- 프락토올리고당(단풍시럽/꿀) 약간(생략 가능)

만드는 법

1. 미니단호박을 전자렌지에 2분 정도 돌린 후 반을 갈라주세요.
2. 씨는 제거하고 작게 잘라 전자렌지 전용 용기에 넣어주세요.
3. 포크나 으깨기 도구로 단호박을 껍질 채 으깨주신 후, 올리고당과 달걀 1개를 넣고 뚜껑을 덮어 3분 이상 돌려주세요.
4. 찜통에 하시는 분들은 10분 정도 쪄주세요.

1

2

3-1

3-2

TIP

- 단호박의 껍질까지 사용해주세요. 더 많은 영양을 섭취해 우리 아기가 더 튼튼해 진답니다.
- 생 단호박은 그냥 자르기에는 단단해서 힘들어요. 칼질이 위험할 수 있으니, 반드시 전자레인지나 찜통에 살짝 쪄주세요.

땅콩버터샌드

준비해주세요
- **쌀식빵**(유기농밀가루/호밀식빵) 2장
- **땅콩버터** 15ml(약 1큰술)
- **쿠키틀이나 각종 모양틀**(생략 가능)

만드는 법
1   식빵의 테두리 부분은 제거해주세요.
2   식빵 위에 땅콩버터를 바른 뒤 다른 식빵으로 덮어줍니다.
3   쿠키틀이나 각종 모양틀을 이용하여 예쁘게 빵샌드를 만들어줍니다.

채소스틱

이가 나는 시기, 서아가 근질거리는 잇몸으로 채소스틱을 씹으면서 얼마나 행복해했는지 몰라요.

준비해주세요

- 당근
- 무
- 애호박
- 파프리카
- 고구마
- 감자

만드는 법

1 0.5cm 두께에 10cm 길이로 길게 채소들을 잘라주세요.

2 자른 스틱을 오븐에 150℃ 3분 구워주세요(오븐이 없다면, 프라이팬에 약불로 구워주세요).

두유

준비해주세요

- 흰콩 1컵
- 생수 240ml
- 아기용 소금 약간(생략 가능)

만드는 법

1 흰콩을 깨끗이 씻은 후 물에 8시간 정도 불려주세요.

2 콩 껍질은 떼어내고 깨끗한 물에 씻어주세요.

3 불린 콩을 냄비에 넣은 후, 물이 끓어오르면 중불로 줄이고 8분 정도 삶아주세요.

4 건져낸 삶은 콩은 식힌 후에 믹서기에 넣어 생수를 붓고 농도에 맞춰 갈아주세요.

5 아기용 소금을 약간 뿌려 완성해도 좋습니다.

TIP

- 남은 콩물에 국수와 프락토올리고당(설탕)을 조금 넣고 콩국수(p.322)를 말아줘도 좋습니다.

후기 이유식

『정조지』에 기록된 이유식 주요 식재료 : 후기

조선시대 궁중 음식 백과사전인 『정조지』에 기록되어 있는 식재료입니다. 궁중에서 쓰던 식재료로 소중한 우리 아기를 더욱 튼튼하게 만들어봐요.

대구(흰 살 생선)

조선시대 귀한 식재료였던 대구는 『정조지』에 어류로 분류되어 있으며 「동의보감」에 따르면 몸의 기를 보한다고 기록되어 있습니다.

현대 의학에서 대구는 단백질을 비롯하여 비타민A, 비타민B1, 비타민B2, 비타민B6, 비타민C, 비타민E, 아연, 엽산, 인, 철분 등이 함유되어 있으며, 칼로리가 높지 않고 불포화지방산과 단백질, 아미노산 등이 풍부하고 오메가3 성분으로 혈관 건강에도 좋습니다.

연어

조선시대 귀한 식재료였던 연어는 『정조지』에 어류로 분류되어 있으며, 「동의보감」에 따르면 성질은 평하고 독은 없으며 맛이 아주 좋다고 기록되어 있습니다.

현대 의학에서 연어는 단백질은 물론 각종 비타민과 미네랄, 오메가3가 함유되어 뼈 건강은 물론 뇌와 신경 보호, 눈 건강과 피부 건강에 좋습니다. 그리고 DHA와 EPA가 높아 두뇌 발달에 아주 좋습니다.

단, 현대에 와서 판매되고 있는 대부분의 연어는 붉은색을 내기 위해 색소가 포함된 사료를 먹이거나 염색을 하는 경우가 많으니 반드시 자연산 연어나 양식이라도 색소가 포함된 사료를 먹이지 않은 연어를 고르는 게 아주 중요합니다.

새우

조선시대 귀한 식재료였던 새우는 『정조지』에 어류로 분류되어 있으며, 「명의별록」에 따르면 맛은 달고 성질은 따뜻하다고 되어있습니다.

현대 의학에서 새우는 100g당 20g의 높은 단백질을 함유하고 있다고 합니다. 또한 혈압 조절과 간 기능에 좋은 타우린 및 콜레스테롤 수치를 낮추고 독소를 배출시켜주는 키틴질이 함유되어 있습니다. 새우 껍질에 함유된 풍부한 칼슘은 아기들의 성장 발달에 중요한 역할을 합니다.

아욱

『정조지』의 「천금식치」에 따르면 아욱은 비장에 좋은 채소이며, 위장의 기운을 통하게 하여 대장을 원활하게 한다고 기록되어 있습니다. 「명의별록」에서는 맛이 달고 차면서 미끄러우며, 독은 없고 채소 중에 으뜸이라고 기록되어 있습니다.

녹황색 채소인 아욱은 현대 의학에서 단백질, 칼슘이 시금치의 2배에 달하며 칼륨, 비타민A, 비타민B, 비타민C 등이 함유된 알카리성 식품이라고 합니다. 특히 아욱에 함유된 베타카로틴은 강력한 항산화 성분으로 세포 손상과 각종 질병을 예방합니다. 또한 풍부한 칼륨이 혈관 내 노폐물과 나트륨을 배출해줍니다. 풍부한 섬유질로 인해 변비 예방에도 아주 좋다고 합니다.

후기 이유식 특징 (3배죽)

서아가 혼자 힘으로 일어서기 시작했어요. 빠른 아기들은 돌 전에 걷는다던데 조심스러운 성격인 우리 서아는 두 발자국 걷다가 넘어질까 봐 얼른 주저앉아요. 말할 줄 아는 단어도 더 많아졌어요. 잠자는 시간이 규칙적으로 변하니 육아가 한결 쉬워졌어요. 식사 시간도 엄마 아빠 식사 시간과 같아졌어요. 이제는 세 식구가 한 식탁에 모여 밥을 먹기 시작하니 얼마나 기쁜지 몰라요. 젖병을 떼기 위해 우유는 컵으로 먹이기 시작했어요.

후기가 되니 이유식 만들기가 한결 더 쉬워졌어요. 진밥으로 하면 되기 때문에 쌀을 믹서기에 갈지 않아도 되니 얼마나 편했는지 몰라요. 이제 성인들처럼 밥, 국, 반찬도 먹고 비록 주위는 난장판이 되지만 자기주도 이유식도 시도해볼 수 있어서 얼마나 설렜는지 몰라요. 서아가 스스로 포크와 수저를 들고 밥을 입으로 떠먹었을 땐 눈물까지 날 뻔했다니까요. 모든 엄마들이 다 저 같은 거 맞죠?

TIP
진밥 하기 : 물이나 육수의 양을 쌀의 두 배로 넣어주세요.

후기 이유식 식단표

	1일	2일	3일	4일	5일	6일	7일
1주차	퀴노아쌀밥·두부로 하는 돼지비지찌개			소고기낙지부추진밥			연어감자시금치진밥
	소고기주먹밥·달걀노른자주먹밥			새우달걀주먹밥			소고기크림리조또
	소고기콩나물밥			두부채소계란지짐이			새우달걀주먹밥
	8일	9일	10일	11일	12일	13일	14일
2주차	연어감자시금치진밥			대구새우무진밥			닭고기두부당근브로콜리진밥
	소고기크림리조또			순두부찌개·생선구이·아기용 토마토김치			된장국·메로구이·계란찜·콩나물무침
	새우달걀주먹밥			찐 감자·채끝등심			누룽지·간장불고기
	15일	16일	17일	18일	19일	20일	21일
3주차	닭고기두부당근브로콜리진밥	감자양배추소고기진밥				새우브로콜리단호박진밥	
	된장국·메로구이·계란찜·콩나물무침	소고기전복뭇국·브로콜리새우볶음·아기용 백김치				계란국·소고기죽순버섯볶음·아기용 백김치	
	누룽지·간장불고기	두부채소계란지짐이				소고기크림리조또	
	22일	23일	24일	25일	26일	27일	28일
4주차	연어감자시금치진밥			소고기콩나물밥			대구뭇국·소고기동그랑땡·시금치나물
	대구뭇국·돼지고기동그랑땡·아기용 백김치			찐 감자·채끝등심			소고기낙지부추진밥
	감자양배추소고기진밥			누룽지·간장불고기			새우달걀주먹밥

	29일	30일				
5주차	대구뭇국·소고기동그랑땡·시금치나물					
	소고기낙지부추진밥					
	새우달걀주먹밥					

서아의 후기 이유식 시간표

이유식	1일 횟수	3회
	1회 분량	150~180g
	1일 시간	오전 9시, 오후 1시, 오후 5시
수유	1회 분량	500~700ml
간식	1일 횟수	2~3회

감자양배추소고기진밥

준비해주세요
- 불린 쌀 130g(종이컵 1)
- 불린 퀴노아 1큰술(생략 가능)
- 감자 1개
- 양배추 40g
- 다진 소고기 90g
- 육수 492ml

만드는 법
1 퀴노아 쌀을 물에 불려놔주세요.
2 찜통에 감자와 양배추를 삶아주세요.
3 2와 육수를 넣고 믹서기에 갈아주세요.
4 밥솥에 1과 2, 다진 고기, 남은 육수를 넣고(진밥이지만) '죽 기능'을 눌러 완성해주세요.

TIP
- 완성 후 아기가 다진 고기를 뱉을 경우 소고기까지 믹서기에 갈아 먹여줘보세요.

연어감자시금치진밥

준비해주세요

- 생쌀 145g (종이컵 1)
- 퀴노아 1큰술 (생략 가능)
- 감자 120g (1개)
- 시금치 30g (약 1줄)
- 다진 연어 90g (좋은 연어 고르는 팁 p.230)
- 육수 435ml

만드는 법

1. 쌀과 퀴노아를 물에 30분 이상 불려주세요.
2. 찜통에 감자를 쪄주세요.
3. 시금치는 살짝 데친 후, 찐감자와 함께 믹서기에 갈아주세요.
4. 밥솥에 1과 3, 다진 연어, 남은 육수를 넣고 (진밥이지만) '죽 기능'을 눌러 완성해주세요.

TIP

- 찜통에 재료들을 찌는 이유는 좀 더 담백한 맛을 위한 것이며 찌는 과정이 귀찮다면 생으로 갈아 밥솥에 함께 넣으셔도 됩니다.

대구새우무진밥

준비해주세요

- 생쌀 145g(종이컵 1)
- 퀴노아 1큰술(생략 가능)
- 대구살 90g
- 새우살 40g
- 무 40g(4큰술)
- 당근 ½큰술(5g)(생략 가능)
- 육수 435ml

만드는 법

1 쌀과 퀴노아를 물에 30분 이상 불려주세요.

2 대구살, 새우살, 무, 당근을 다져주세요.

3 밥솥에 **1**과 **2**, 남은 육수를 넣고(진밥이지만) '죽 기능'을 눌러 완성해주세요.

닭고기두부당근브로콜리진밥

준비해주세요

- 생쌀 145g(종이컵 1)
- 퀴노아 1큰술(생략 가능)
- 닭고기 90g
- 두부 150g
- 양파 ½큰술(5g)
- 당근 ½큰술(5g)
- 브로콜리 10g
- 육수 435ml

만드는 법

1. 쌀과 퀴노아를 30분 이상 불려주세요.
2. 닭고기, 두부, 양파, 당근, 브로콜리를 다져주세요.
3. 밥솥에 1, 2, 남은 육수를 넣고(진밥이지만) '죽 기능'을 눌러 완성해주세요.

소고기낙지부추진밥

준비해주세요

- 생쌀 145g(송이컵 1)
- 퀴노아 1큰술(생략 가능)
- 다진 소고기 90g
- 낙지 30g
- 양파 1큰술(5g)
- 부추 10g
- 육수 435ml

만드는 법

1. 쌀과 퀴노아를 30분 이상 불려주세요.
2. 낙지, 양파, 부추를 잘게 다져주세요.
3. 밥솥에 다진 소고기, 1, 2, 남은 육수를 넣고(진밥이지만) '죽 기능'을 눌러 완성해주세요.

새우브로콜리단호박진밥

준비해주세요

- 생쌀 145g(쌀이컵 1)
- 퀴노아 1큰술(생략 가능)
- 새우살 40g
- 단호박 120g
- 브로콜리 10g
- 육수 435ml

만드는 법

1. 쌀과 퀴노아를 30분 이상 불려주세요.
2. 새우와 브로콜리를 잘게 다져주세요.
3. 단호박은 찐 후에 으깨주세요.
4. 밥솥에 2, 3, 남은 육수를 넣고(진밥이지만) '죽 기능'을 눌러 완성해주세요.

소고기주먹밥·
달걀노른자주먹밥

준비해주세요

- 생쌀 145g(종이컵 1)
- 달걀 1개
- 다진 양파 5g(½큰술)
- 다진 당근 5g(½큰술)
- 다진 소고기 40g
- 다진 마늘 약간
- 아기용 간장 ½큰술
- 참기름 약간
- 참깨 약간
- 아기 김 2~3장(생략 가능)

만드는 법

1. 쌀밥을 질게 지어주세요.
2. 삶은 달걀의 흰자와 노른자를 분리한 뒤, 노른자를 으깨주세요.
3. 프라이팬에 다진 양파와 다진 당근을 볶다가 고기를 넣고 마늘을 넣은 후 아기용 간장을 넣고 졸여주세요.
4. 볼에 완성된 밥과 3을 넣은 후, 참기름과 참깨를 넣고 잘 섞어주세요.
5. 완성된 밥을 손으로 동그랗게 만들어 준 뒤, 아기 김 혹은 으깬 노른자 위로 굴려주세요.

새우달걀주먹밥

준비해주세요

- 생쌀 145g(종이컵 1)
- 다진 양파 5g(½큰술)
- 다진 당근 5g(½큰술)
- 다진 새우 40g
- 아기용 맛가루 ½티스푼(생략 가능)
- 달걀 1개
- 아기 김(생략 가능)

만드는 법

1. 쌀밥을 질게 지어주세요.
2. 달걀물을 만들어주세요.
3. 팬에 기름을 두르고 다진 양파와 당근을 넣고 볶다가 다진 새우를 넣고 볶아주세요.
4. 3에 완성된 밥과 달걀물을 부어 잘 볶아주세요.
5. 완성된 볶음밥을 동그랗게 만들어 주세요.
6. 아기가 김을 좋아한다면 김 가루를 묻혀 먹여주세요.

소고기콩나물밥

준비해주세요

- 쌀 140g(종이컵 1)
- 퀴노아 1큰술(생략 가능)
- 부추 10g
- 콩나물 30g
- 다진 소고기 90g
- 올리브유 조금
- 다진 마늘 조금
- 육수 435ml
- 아기용 간장 ½큰술

만드는 법

1. 쌀과 퀴노아를 물에 30분 이상 불려주세요.
2. 부추와 콩나물은 잘게 다져주세요(콩나물 머리는 떼어주세요).
3. 프라이팬에 올리브유를 두른 후 다진 소고기와 다진 마늘을 넣고 볶아주세요.
4. 밥솥에 불려준 쌀과 2, 3, 남은 육수를 넣고 밥을 해주세요.

누룽지·간장불고기

준비해주세요

- 누룽지 1컵
- 물 500ml
- 다진 양파 5g(½큰술)
- 다진 소고기 40g
- 아기용 간장 ½큰술

만드는 법

1. 냄비에 물을 넣고 누룽지를 끓여주세요.
2. 프라이팬에 기름을 두르고 양파와 소고기를 볶다가 아기용 간장을 넣고 졸여주세요.
3. 준비한 누룽지와 간장불고기를 같이 먹여주세요.

퀴노아쌀밥·
두부로 하는 돼지비지찌개

준비해주세요

- 생쌀 145g(종이컵 1)
- 퀴노아 1큰술
- 두부 300g
- 백김치 90g
- 올리브유 약간
- 다진 돼지고기 90g
- 다진 마늘 약간
- 육수 330ml

만드는 법

1. 퀴노아쌀밥을 질게 지어주세요.
2. 두부를 칼로 으깬 후 다져주세요.
3. 백김치를 잘게 다져주세요.
4. 냄비에 기름을 두르고 돼지고기를 볶아주세요.
5. 4에 다진 백김치와 다진 두부를 넣고 볶아주세요.
6. 5에 육수를 붓고 10분 이상 끓여주세요.

소고기뭇국·퀴노아쌀밥

준비해주세요

- 생쌀 145g (종이컵 1)
- 불린 퀴노아 1큰술 (생략 가능)
- 다진 소고기 90g (1컵)
- 다진 무 40g
- 다진 애호박 40g
- 다진 마늘 조금
- 육수 200ml
- 엑스트라 버진 올리브유 약간

만드는 법

1. 퀴노아쌀밥을 질게 지어주세요.
2. 냄비에 기름을 두르고 소고기를 볶다가 다진 무, 다진 애호박, 다진 마늘, 다진 무를 넣고 볶아주세요.
3. 2에 육수를 부어 15분 이상 끓인 후, 완성된 퀴노아쌀밥과 함께 먹여주세요.

TIP

- 이유식 죽을 잘 먹는 아기는 국에 밥을 말아 먹이면 좋고요. 이유식 죽에 질린 아기라면 진밥과 뭇국을 따로 해서 먹여주세요.

소고기크림리조또

준비해주세요

- 생쌀 145g(종이컵 1)
- 다진 소고기 40g
- 다진 양파 5g(½큰술)
- 버터 6g
- 우유 100ml
- 아기 치즈 1장
- 파슬리(바질) 약간(생략 가능)

만드는 법

1 쌀밥을 지어주세요.

2 팬에 버터를 녹인 후 다진 소고기와 다진 양파를 넣고 볶아주세요.

3 팬에 쌀밥과 **2**를 섞어주세요.

4 약불로 **3**에 우유를 뿌린 후 졸이다가 아기 치즈 1장을 올려 서서히 녹여주세요.

5 완성된 리조또 위에 파슬리나 바질을 뿌려 완성해주세요.

찐 감자·채끝등심

준비해주세요

- 감자 1개
- 채끝등심 40g

만드는 법

1. 감자를 쪄주세요.
2. 포크나 으깨기 도구를 이용하여 찐 감자를 으깨주세요.
3. 채끝등심을 구워 으깬 감자와 먹여주세요.

TIP

- 진밥 혹은 물에 말은 쌀밥과 함께 주면 좋아요.

두부채소계란지짐이

준비해주세요

- 두부 ½모(150g)
- 쌀가루(밀가루) 3큰술(30g)
- 계란 1개
- 다진 당근 5~8g(½큰술)
- 다진 양파 5~8g(½큰술)
- 식용유 약간

만드는 법

1. 두부를 칼로 으깨주세요.
2. 볼에 1과 다진 당근, 다진 양파를 넣은 후 달걀과 밀가루를 넣고 동그랗게 만들어주세요.
3. 팬에 기름을 두르고 약불에서 노릇하게 부쳐주세요.
4. 틀을 이용해서 귀엽게 모양을 내주세요.

TIP

- 진밥 혹은 물에 말은 쌀밥과 함께 주면 좋아요.

후기 아기 반상

268

순두부찌개·생선구이·
아기용 토마토김치

준비해주세요

- 생쌀 145g(종이컵 1)
- 퀴노아 1큰술(생략 가능)
- 올리브유 약간
- 다진 돼지고기 90g
- 백김치 95g
- 육수 300ml
- 순두부 170g
- 해감한 바지락 170g
- 흰살생선 40g
- 아기용 토마토김치(p.084)

만드는 법

1 퀴노아쌀밥을 질게 지어주세요.

2 냄비에 올리브유를 두르고 다진 돼지고기를 볶다가 다진 백김치를 넣어 함께 볶아주세요.

3 2에 바지락, 육수를 넣고 10분 이상 끓이다 순두부를 넣어주세요.

4 프라이팬에 올리브유를 두른 후 생선을 노릇하게 구워주세요.

5 식판에 퀴노아쌀밥, 순두부찌개, 생선구이, 아기용 토마토김치를 같이 차려주세요.

된장국·메로구이·계란찜·콩나물무침

준비해주세요

- 생쌀 145g(종이컵 1)
- 퀴노아 1큰술(생략 가능)
- 만가닥버섯 5g(생략 가능)
- 애호박(시금치/버섯/아욱) 30g
- 육수 200ml
- 양파 5g
- 아기용 된장(미소) ½큰술
- 두부 100g(⅓모)
- 메로 40g
- 달걀 3개

만드는 법

1. 퀴노아쌀밥을 질게 지어주세요.
2. 만가닥버섯은 머리만 떼고 줄기 부분은 다듬은 후 애호박, 양파와 함께 다져주세요.
3. 육수에 아기용 된장을 풀고, 2를 넣고 끓이다가 마지막에 작게 자른 두부를 넣어주세요.
4. 프라이팬에 올리브유를 두른 후 메로를 노릇하게 구워주세요.
5. 달걀은 체에 걸러 알끈을 제거한 후, 육수와 5:5로 섞어 찜통에 10분 정도 쪄주세요.
6. 콩나물은 데친 후, 머리를 다듬고 잘게 잘라 참기름, 참깨, 아기용 맛가루를 넣고 무쳐주세요.
7. 식판에 퀴노아쌀밥, 된장국, 메로구이, 달걀찜을 같이 차려주세요.

소고기전복뭇국·
브로콜리새우볶음·아기용 백김치

준비해주세요

- 생쌀 145g(종이컵 1)
- 퀴노아 1큰술(생략 가능)
- 올리브유 약간
- 다진 소고기 90g
- 다진 마늘 약간
- 애호박 40g
- 양파 5g
- 무 40g
- 육수 200ml
- 다진 전복 ½컵
- 다진 새우 ½컵
- 브로콜리 5g
- 아기용 맛가루 약간
- 아기용 백김치(p.086)

만드는 법

1. 퀴노아쌀밥을 질게 지어주세요.
2. 냄비에 올리브유를 두르고 다진 소고기, 다진 마늘을 넣고 볶다가 다진 애호박 다진 양파를 넣고 볶아주세요.
3. 3에 다진 무, 다진 전복, 육수를 넣고 10분 이상 끓여주세요.
4. 프라이팬에 올리브유를 두른 후 다진 새우와 다진 브로콜리를 함께 볶아주세요. 마지막에 아기용 맛 가루를 뿌려 완성해주세요.
5. 식판에 퀴노아쌀밥, 소고기전복뭇국, 브로콜리새우볶음, 아기용 백김치를 같이 차려주세요.

계란국·소고기죽순버섯볶음·
아기용 백김치

준비해주세요

- 생쌀 145g(종이컵 1)
- 퀴노아 1큰술(생략 가능)
- 육수 200ml
- 달걀 1개
- 다진 파 ⅓큰술
- 다진 소고기 90g
- 표고버섯 10g
- 삶은 죽순 10g
- 올리브유 약간
- 아기용 백김치(p.086)

만드는 법

1. 퀴노아쌀밥을 질게 지어주세요.

2. 계란을 풀어주세요.

3. 육수가 끓으면 계란 풀은 것, 다진 파를 넣고 10분 정도 끓여주세요.

4. 프라이팬에 올리브유를 두른 후 다진 소고기를 볶다가 다진 삶은 죽순, 다진 표고버섯을 넣고 볶아주세요. 마지막에 아기용 맛가루를 뿌려 완성해주세요.

5. 퀴노아쌀밥, 계란국, 소고기죽순버섯볶음, 아기용 백김치를 같이 차려주세요.

대구뭇국·돼지고기동그랑땡· 아기용 백김치

준비해주세요

- 생쌀 145g(종이컵 1)
- 퀴노아 1큰술(생략 가능)
- 육수 200ml
- 다진 대구살 90g
- 무 40g
- 다진 부추 1큰술
- 아기용 맛 가루 약간
- 두부 150g
- 다진 돼지고기 40g
- 양파 5g
- 당근 5g
- 달걀 1개
- 쌀가루(밀가루) 3큰술
- 올리브유 약간
- 아기용 백김치(p.086)

만드는 법

1. 퀴노아쌀밥을 질게 지어주세요.
2. 냄비에 육수를 붓고 다진 무, 다진 대구살을 넣고 끓이다가 마지막에 다진 부추와 맛 가루를 넣어주세요.
3. 계란을 풀어주세요.
4. 볼 안에 으깬 두부, 다진 양파, 다진 당근, 다진 돼지고기, 쌀가루, 3을 넣고 동그랗게 만들어주세요.
5. 프라이팬에 올리브유를 충분히 두른 후, 4를 노릇하게 구워주세요.
6. 퀴노아쌀밥, 대구뭇국, 돼지고기동그랑땡, 아기용 백김치를 같이 차려주세요.

대구뭇국·소고기동그랑땡·시금치나물

준비해주세요

- 생쌀 145g(종이컵 1)
- 퀴노아 1큰술(생략 가능)
- 육수 200ml
- 다진 대구살 90g
- 무 40g
- 다진 부추 1큰술
- 아기용 맛 가루 약간
- 두부 150g
- 다진 소고기 40g
- 양파 5g
- 당근 5g
- 달걀 1개
- 쌀가루(밀가루) 3큰술
- 시금치 30g(약 1줌)
- 참기름 약간
- 참깨 약간

만드는 법

1 퀴노아쌀밥을 질게 지어주세요.

2 냄비에 육수를 붓고 다진 무, 다진 대구살을 넣고 끓이다가 마지막에 다진 부추와 맛 가루를 넣어주세요.

3 계란을 풀어주세요.

4 볼 안에 으깬 두부, 다진 양파, 다진 당근, 다진 소고기, 쌀가루, 3을 넣고 동그랗게 만들어주세요.

5 프라이팬에 올리브유를 충분히 두른 후, 4를 노릇하게 구워주세요.

6 시금치는 데친 후 줄기를 다듬어 잘게 잘라 참기름, 참깨, 아기용 맛 가루를 넣고 무쳐주세요.

7 식판에 퀴노아쌀밥, 대구뭇국, 소고기동그랑땡, 시금치나물을 같이 차려주세요.

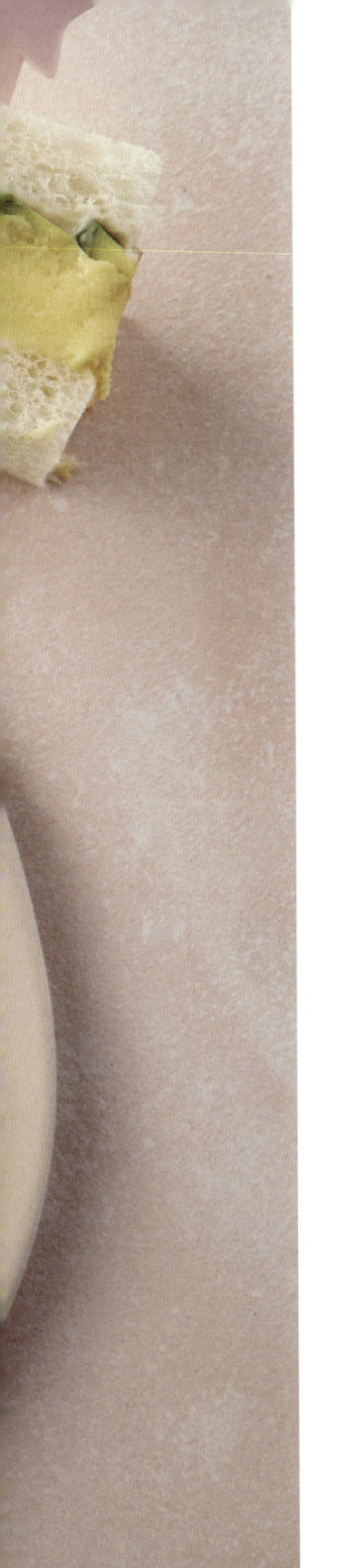

후기 이유식 간식

닭가슴살치킨

준비해주세요

- 닭가슴살 150g
- 밀가루 2큰술
- 빵가루 100g
- 마늘가루 ½티스푼
- 카레가루 ½티스푼
- 달걀 1개
- 올리브유 약간

만드는 법

1. 닭가슴살을 방망이로 치대주세요.
2. 치댄 닭가슴살은 세로로 길게 잘라주세요.
3. 볼에 밀가루, 마늘가루, 카레가루를 넣은 후 잘 섞어주고 달걀물을 만들어주세요.
4. 닭가슴살을 3번 가루에 묻힌 후 달걀물 묻힌 뒤 약불로 노릇하게 튀겨 완성해주세요.

TIP

- 닭가슴살을 방망이로 치대면 더 부드러워져요.
- 닭비린내가 난다면 우유에 30분간 담궈주세요. 냄새는 없어지고 맛이 더욱 담백하고 부드러워집니다.

팬케이크

준비해주세요

- 달걀 2개
- 소금 한 꼬집
- 버터(올리브유) 6g

만드는 법

1 볼에 달걀 흰자만 담아 거품기로 단단하게 만들어주세요.

2 머랭이 만들어졌으면, 노른자와 소금을 넣고 거품기로 섞어주세요.

3 프라이팬에 약불로 버터를 녹인 후, **2**를 부어 부풀어오를 때까지 천천히 익혀주세요.

4 **3**이 어느 정도 부풀어오르면 반으로 접은 뒤 접시에 담아 완성해주세요.

달걀아보카도샌드위치

준비해주세요

- 달걀 4개
- 마요네즈 1큰술
- 프락토올리고당(설탕) 약간(생략 가능)
- 테두리를 자른 식빵 2장
- 아보카도 ⅓개(13g)

만드는 법

1. 달걀을 삶은 후, 노른자만 잘게 잘라 체에 걸러주세요.
2. 1에 마요네즈, 올리고당을 넣어 잘 섞어주세요.
3. 아보카도를 얇게 잘라주세요.
4. 식빵 위에 **2**를 바르고, 자른 아보카도를 올린 뒤 식빵으로 덮어주세요.
5. 아기가 먹기 좋게 모양을 내거나 작게 잘라 완성해주세요.

감자치즈크로켓

준비해주세요

- 감자 2개
- 소금 한 꼬집
- 밀가루 2큰술
- 아기 치즈 2장
- 달걀 2개
- 라이스페이퍼 2장
- 빵가루 100g
- 올리브유 ⅓컵 이상
- 좁은 냄비 혹은 프라이팬

만드는 법

1. 볼에 삶은 감자를 넣고 으깬 후, 소금과 밀가루를 넣어 잘 섞어주고, 달걀물을 만들어주세요.
2. 한쪽 손에 으깬 감자를 올리고 그 위에 물에 적신 라이스페이퍼, 아기 치즈 올려 감싸듯 접어주세요.
3. 2의 반대쪽에 감자를 올려 전체를 감싸줍니다.
4. 3에 달걀물을 묻힌 후 빵가루를 둘러주세요.
5. 중약불로 팬에 노릇하게 구워 완성해주세요.

TIP

- 맛있게 튀기는 팁! (p.342)
- 삶은 감자를 체에 걸러주면 식감이 더욱 부드러워져요.

베이컨미니핫도그·
아기용 토마토케첩

준비해주세요

- 테두리를 자른 식빵 2장
- 소시지(8cm 정도) 2개
- 베이컨 2장
- 계란 1개
- 올리브유
- 아기용 토마토케첩(p.082)

만드는 법

1. 식빵을 밀대로 얇게 만들어주세요.
2. 얇게 펴진 식빵 위에 소시지를 감싼 후 베이컨으로 위에서부터 아래로 말아주세요.
3. 계란물을 2의 겉면에 골고루 묻힌 후, 팬에 기름을 두르고 약한 불로 살살 구워주세요.
4. 완성된 미니 핫도그에 아기용 토마토케첩을 뿌려 완성해주세요.

TIP

- 빵의 경계면부터 구워주세요. 그래야 풀어지지 않습니다.

프렌치토스트

준비해주세요

- 식빵 2개
- 달걀 1개
- 우유 50ml
- 버터 6g

만드는 법

1. 우유에 식빵을 적셔주세요.
2. 달걀을 푼 후 1을 양면에 골고루 묻혀주세요.
3. 팬에 버터를 녹인 후 약불로 식빵을 양면으로 돌려가며 잘 구워줍니다.

돼지고기사과퓨레

준비해주세요

- 다진 돼지고기 40g
- 사과 400g(약 ⅓개)
- 버터 3g

만드는 법

1 강판에 사과를 갈아주세요.

2 프라이팬에 버터를 녹인 후, 돼지고기를 볶다가 갈아놓은 사과를 넣고 볶아주세요.

3 허브를 좋아하는 아기라면 계피가루를 약간 뿌려 먹여주세요.

치즈마카로니

준비해주세요

- 아기 치즈 1장
- 마카로니 50
- 버터 3g
- 파슬리(바질가루) 약간(생략 가능)

만드는 법

1. 마카로니를 물에 삶아주세요.
2. 프라이팬에 버터를 녹인 후, 마카로니를 넣고 치즈를 녹여가며 천천히 볶아주세요.
3. 완성된 요리 위에 파슬리나 바질가루를 뿌려 마무리해주세요.

완료기 이유식

『정조지』에 기록된 이유식 주요 식재료 : 완료기

조선시대 궁중 음식 백과사전인 『정조지』에 기록되어 있는 식재료입니다. 궁중에서 쓰던 식재료로 소중한 우리 아기를 더욱 튼튼하게 만들어봐요.

전복

조선시대 귀한 식재료였던 전복은 『정조지』에 어류로 분류되어 있으며, 「명의별록」에 따르면 맛은 짜고 성질은 평하며, 독은 없고 정기를 북돋아주어 몸을 가볍게 해준다고 기록되어 있습니다.

현대 의학에서 전복은 높은 단백질 함량은 물론, 간 기능에 좋은 타우린과 아르기닌이 많아 노화 방지와 성장 호르몬 분비를 촉진시켜준다고 합니다. 칼슘, 마그네슘, 철, 구리, 각종 비타민을 함유하고 있으며 요오드 함유로 갑상선 호르몬에도 좋습니다. 글루타민산이 포함되어 있어 뇌의 영양은 물론, 신경계의 암모니아를 제거하여 신장을 통해 배출시키는 효능을 가지고 있습니다.

조개

조선시대 귀한 식재료였던 조개는 『정조지』에 어류로 분류되어 있으며, 「가우본초」에 따르면 오장을 적셔주며 위장을 열어준다고 기록되어 있습니다. 또한 성질은 따뜻하고 독은 없다고 기록되어 있습니다.

현대 의학에서 조개는 타우린, 리신, 레이신, 메티오닌의 함유로 간 세포를 재생시켜주고, 항산화 물질인 셀레늄 성분이 암세포의 성장을 억제시킨다고 합니다. 또한 빈혈 예방과 치매 예방에 효과적이며, 필수아미노산의 함유로 성장 발육에 좋다고 합니다.

배추

『정조지』의 「가우본초」에 따르면 배추는 맛이 달고 성질은 따뜻하며 독은 없다고 나와 있습니다.

도경본초에는 생선의 비린내를 없애주어 생선과 잘 어울린다고 나와 있습니다. 중기 이유식부터 배추를 쓸 때 꼭 흰 살 생선을 함께 썼는데요, 맛이 배가 된답니다.

현대 의학에서 배추는 풍부한 칼슘, 칼륨, 인 등의 무기질과 비타민C가 풍부해 감기 예방에 좋다고 합니다. 수분 함량이 약 95%로 이뇨작용에 효과적이며 식이섬유가 많아 변비와 대장암 예방에 좋다고 나와 있습니다. 특히 배추와 무를 함께 섭취하면 간암 예방의 효과가 높아진다고 합니다.

부추

『정조지』의 「명의별록」에 따르면 부추는 오장을 안정시키고 위장 속의 열을 제거하여 병자의 몸에 이롭게 작용한다고 기록되어 있습니다.

현대 의학에서 부추는 풍부한 칼슘과 철분, 비타민C와 비타민E가 풍부하게 함유되어 있어 간 건강에 좋으며 혈액 순환과 위장병, 성인병 예방에 좋다고 합니다.

완료기 이유식 특징(진밥 혹은 쌀밥)

서아가 이제 넘어지지 않고 혼자 걸어다녀요. 능숙하지는 않지만 숟가락질 포크질도 스스로 하기 시작했어요. 손가락을 이용하여 이것저것 능숙하게 물건을 집고 넣으며, 짧은 문장을 만들어요. 몸 흔드는 율동을 좋아하고 엄마가 하는 행동을 그대로 따라 해요. 어금니가 올라오기 시작하고 이제는 일반식으로 넘어가니 온 가족 외식이 더 쉬워져서 얼마나 행복했는지 몰라요. 일반적인 쌀밥도 잘 먹게 되고, 양념이 살짝 들어간 반찬들도 먹을 수 있으니 서아도 정말 좋아했지요. 잘 안 먹는 아기였던 서아가 완료기부터 간식도 정말 잘 먹었어요. 하루에 배변을 세 번씩이나 하더니 몸무게가 더 늘기 시작했어요. 서아에게 제가 좋아하는 파스타 요리도 약간 싱겁게해서 만들어주면 너무 맛있는지 소리 지르면서 먹었어요. 이제 여러분들이 좋아하는 요리들을 아기에게 맛볼 수 있게 순한 간으로 맞춰서 해주세요. 아기와 엄마 모두 행복해집니다.

서아의 완료기 이유식 시간표

이유식	1일 횟수	3회
	1회 분량	180~220g
	1일 시간	오전 9시, 오후 1시, 오후 5시
수유	1회 분량	400~500cc
간식	1일 횟수	2~3회

소고기비트새송이버섯솥밥

준비해주세요

- 불린 쌀 204g(종이컵 1½)
- 새송이버섯 15g
- 비트 10g
- 양파 5g
- 당근 5g
- 올리브유 약간
- 다진 소고기 90g
- 다진 마늘 약간
- 육수 210ml
- 아기용 간장(아기용 소금) 약간
- 참기름 약간
- 참깨 약간

만드는 법

1. 새송이버섯, 비트, 양파, 당근을 잘게 다져주세요.
2. 프라이팬에 올리브유를 두른 후 다진 소고기를 볶다가 다진 마늘과 1을 넣고 함께 볶아주세요.
3. 솥에 불린 쌀, 2, 육수를 넣고 뚜껑을 닫은 뒤 센불로 끓여주세요.
4. 10분 후 끓어오르는 소리가 나면 중약불로 줄이고 15분 더 끓여주세요.
5. 불을 끄고 5분 이상 뜸 들인 후 밥을 퍼주세요.
6. 아기용 간장에 참기름과 참깨를 넣은 뒤 밥에 비벼 완성해주세요.

TIP

- 솥밥하실 때 냄비 뚜껑은 뜸 들일 때까지 절대로 열지 말고 꼭 닫아주세요.

닭가슴살표고버섯 파프리카솥밥

준비해주세요

- 불린 쌀 204g(종이컵 1½)
- 표고버섯 15g
- 파프리카 5g
- 양파 5g
- 올리브유 약간
- 다진 닭가슴살 90g
- 육수 210ml

만드는 법

1 표고버섯, 파프리카, 양파를 잘게 다져주세요.

2 프라이팬에 올리브유를 두르고 **1**과 다진 닭가슴살을 볶아주세요.

3 솥에 불린 쌀, **2**, 육수를 넣고 뚜껑을 닫은 뒤 센불로 끓여주세요.

4 10분 후 끓어오르는 소리가 나면 중약불로 줄이고 15분 더 끓여주세요.

5 불을 끄고 5분 이상 뜸 들인 후 밥을 퍼주세요.

6 아기용 간장에 참기름과 참깨를 넣은 뒤 밥에 비벼 완성해주세요.

TIP
- 솥밥하실 때 냄비 뚜껑은 뜸 들일 때까지 절대로 열지 말고 꼭 닫아주세요.

흰살생선조개부추솥밥

준비해주세요

- 불린 쌀 204g(종이컵 1⅓)
- 다진 흰 살 생선 90g
- 바지락(어느 조개든 가능) 60g
- 부추 6g
- 다진 마늘 약간
- 조개다시마육수 210ml

만드는 법

1. 바지락, 부추를 다져주세요.
2. 솥에 불린 쌀, 다진 흰살생선, 1, 조개다시마육수를 넣고 뚜껑을 닫은 뒤 센불로 끓여주세요.
3. 10분 후 끓어오르는 소리가 나면 중약불로 줄이고 15분 더 끓여주세요.
4. 불을 끄고 5분 이상 뜸 들인 후 밥을 퍼주세요.
5. 아기용 간장에 참기름과 참깨를 넣은 뒤 밥에 비벼 완성해주세요.

TIP

- 솥밥하실 때 냄비 뚜껑은 뜸 들일 때까지 절대로 열지 말고 꼭 닫아주세요.

볼로네제파스타

준비해주세요

- 양파 5g
- 당근 5g
- 샐러리 5g
- 토마토(토마토홀) 2개
- 버터(올리브유) 6g
- 다진 소고기 23g
- 다진 돼지고기 23g
- 다진 마늘(마늘가루) 약간
- 닭육수(치킨스톡) 500ml(물과 면수 5:5 가능)
- 프락토올리고당(설탕) 약간(생략 가능)
- 아기 치즈 1장
- 파슬리(바질가루) 약간 (생략 가능)

만드는 법

1. 파스타를 삶은 후 아기가 먹기 좋게 잘게 잘라주세요.
2. 양파, 당근, 샐러리를 잘게 다져주세요.
3. 토마토는 끓는 물에 10분 이상 데친 후 찬물에 담가 껍질을 벗겨준 뒤, 믹서기에 갈아주세요.
4. 프라이팬에 버터를 두르고 **2**를 볶다가 다진 소고기, 다진 돼지고기, 다진 마늘, **3**을 넣고 볶아주세요.
5. 고기가 익으면, 닭육수를 부어 10분 이상 끓이다가 프락토올리고당을 넣어주세요.
6. 마지막에 아기 치즈를 올려 볼로네제소스를 완성해주세요.
7. 잘게 자른 스파게티면 위에 완성된 볼로네제소스를 붓고 마지막에 파슬리를 뿌려주세요.

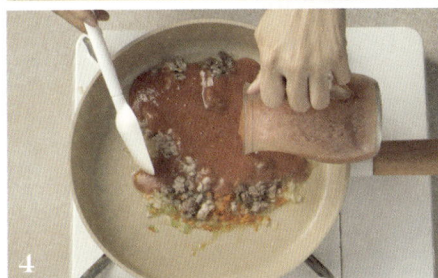

멸치애호박잔치국수

준비해주세요

- 애호박 5g
- 당근 5g
- 양파 5g
- 올리브유 약간
- 멸치육수 200ml
- 계란 1개
- 국수 50g(½인분)

만드는 법

1. 양파, 애호박, 당근을 다져주세요.
2. 프라이팬에 올리브유를 두르고 **1**을 볶아주세요.
3. **2**에 멸치육수를 붓고 10분 이상 끓여주세요.
4. 달걀을 풀어준 후, **3**에 부어주세요.
5. 면을 삶은 후 찬물에 헹구고 물기를 짠 후 볼에 따로 담아주세요.
6. **5**에 **4**를 부어 완성해주세요.

소고기채소두부카레

준비해주세요

- 생쌀 145g(종이컵 1)
- 퀴노아 1큰술(생략 가능)
- 다진 소고기(닭고기/돼지고기) 90g
- 양파 5g
- 감자 약 5~6g
- 당근 5g
- 브로콜리 5g(생략 가능)
- 다진 마늘(마늘가루) 1티스푼(생략 가능)
- 카레가루 ½티스푼
- 전분가루(밀가루) 1큰술
- 연두부(순두부, 으깬 두부 가능)
- 닭육수(생수) 200ml
- 올리브유 약간

만드는 법

1. 쌀밥을 지어주세요.
2. 감자, 양파, 당근을 잘게 다져주세요.
3. 프라이팬에 올리브유를 두르고 **2**를 볶다가 다진 소고기, 다진 마늘을 넣고 볶아주세요.
4. 찬물에 카레가루를 녹여주세요.
5. **3**에 닭육수를 부은 후 **4**를 넣어주세요.
6. 10분 이상 끓이다가 마지막에 브로콜리 윗부분을 잘게 썰어 뿌린 후 연두부를 넣고 5분 이상 더 끓여주세요.

새우전복크림파스타

준비해주세요

- 파스타(푸질리/마카로니 가능) 50g(½인분)
- 새우 40g
- 전복 15g
- 생크림(우유) 200ml
- 콜라비 5g
- 양파 5g
- 다진 마늘 약간
- 버터 6g
- 아기 치즈 1장
- 파슬리 약간(생략 가능)

만드는 법

1. 파스타를 삶은 후 아기가 먹기 좋게 잘게 잘라주세요.
2. 새우, 전복, 양파를 잘게 다져주세요.
3. 프라이팬에 약불로 버터를 녹인 후 2와 다진 마늘을 넣고 볶다가 생크림을 넣고 졸여주세요.
4. 3에 1을 넣고 잘 섞어주다가 마지막에 아기 치즈를 올려 녹인 후 완성해주세요.

TIP

- 콜라비는 우유와 함께 섭취할 때 칼슘이 더 잘 흡수돼요.

봉골레파스타

준비해주세요
- 해감한 바지락(모시조개) 100~110g
- 다진 마늘 ½큰술
- 올리브유 약간
- 화이트와인 ½큰술(생략 가능)
- 그라나파다노치즈 ½큰술
- 바질가루(생략 가능) 약간
- 파스타면 50g (½인분)

만드는 법
1. 파스타를 삶은 후 아기가 먹기 좋게 잘라주세요. 단, 이때 면수를 버리지 마세요.
2. 프라이팬에 올리브유를 두르고 약불로 다진 마늘을 서서히 익히다가 조개와 와인을 넣고 뚜껑을 닫아주세요.
3. 팬에 면수를 넣어 국물을 자작하게 만들어주세요.
4. 삶은 파스타면을 넣고 치즈를 갈아넣으면서 마지막으로 바질가루를 뿌려 완성해주세요.

TIP
- 와인의 알코올은 가열하면 없어지기 때문에 아이에게 줘도 괜찮습니다. 와인을 넣는 이유는 조개의 비린내를 없애고 풍미를 올리기 위함이지만 다진 마늘로도 괜찮습니다.

마마스파스타

미국 가정집에서 전날 남은 파스타면을 잘게 쪼개어 달걀, 치즈 등에 볶아서 내주는 초간단 요리입니다. 제가 20년 전 미국 가정집에서 얻어먹었던 맛인데요. 이 레시피가 정확한지는 모르겠지만 맛은 비슷한 것 같아요. 서아도 담백해서 그런지 순식간에 먹어치우는 메뉴입니다.

준비해주세요

- 삶은 파스타면 50g(½인분)
- 달걀 1개
- 다진 마늘(마늘가루) 약간
- 양파 5g
- 올리브유 약간
- 바질가루 약간
- 아기 치즈 1장

만드는 법

1. 파스타를 삶은 후 아기가 먹기 좋게 잘게 잘라주세요.
2. 달걀을 풀어주세요.
3. 프라이팬에 올리브유를 살짝 두르고, 약불로 다진 마늘과 다진 양파를 볶아주세요.
4. 3에 파스타면을 넣고 볶아주세요.
5. 4에 **2**를 넣고 잘 볶아주세요.
6. 마지막에 아기 치즈를 올려 녹인 후 바질가루를 뿌려 완성해주세요.

콩국수

준비해주세요

- 불린 흰콩 100g
- 생수 250ml
- 국수 50g(½인분)
- 오이 5g
- 참깨 약간(생략 가능)
- 프락토올리고당(설탕) 약간(생략 가능)

만드는 법

1 3시간 이상 불린 흰 콩을 30분 이상 삶아주세요.

2 콩이 푹 익으면 믹서기에 넣고 갈아주세요.

3 국수를 삶은 후 찬물로 헹궈내 물기를 짜준 후 아기가 먹기 좋게 잘게 잘라주세요.

4 그릇에 국수를 담고 **2**를 뿌린 후 다진 오이, 갈은 참깨를 올려주세요.

5 아이가 안 먹을 경우 프락토올리고당을 살짝 넣어 먹여주세요.

TIP

- 남은 콩국물은 용기에 따로 담아 간식으로 아기에게 두유처럼 먹여주세요. 단, 콩국물은 금방 상하기 때문에 반드시 하루 안에 섭취해야 해요.

새우계란볶음밥

준비해주세요

- 생쌀 145g(종이컵 1)
- 대파 ½개
- 새우 40g
- 올리브유 약간
- 달걀 1개
- 마늘가루 약간
- 바질가루(파슬리가루) 약간(생략 가능)

만드는 법

1. 파와 새우를 다져주세요.
2. 달걀을 풀어주세요.
3. 프라이팬에 올리브유를 충분히 두르고, 파를 넣어 약불에서 파기름을 내주세요.
4. 3에 다진 새우를 넣고 볶아주세요.
5. 새우가 어느 정도 익으면 **2**를 넣어 볶아주세요.
6. 5에 밥과 마늘가루를 넣은 후 마지막에 바질가루를 뿌려 완성해주세요.

소고기전복브로콜리볶음밥

준비해주세요

- 생쌀 145g(종이컵 1)
- 당근 5g
- 양파 5g
- 브로콜리 5g
- 다진 소고기 40g
- 전복 15g
- 마늘가루(다진 마늘) ½큰술

만드는 법

1. 쌀밥을 지어주세요.
2. 당근, 양파, 브로콜리, 전복을 잘게 다져주세요.
3. 프라이팬에 올리브유를 충분히 두르고, **2**를 넣고 볶다가 다진 소고기, 다진 전복, 마늘가루를 넣고 볶아주세요.
4. 소고기가 어느 정도 익으면 밥을 넣어 볶아주세요.

육전

준비해주세요

- 샤브샤브용 소고기 45g
- 밀가루(튀김가루) 2큰술 이상
- 달걀 1개
- 마늘가루 약간
- 올리브유 약간

만드는 법

1. 달걀을 풀어주세요.
2. 넓은 접시에 밀가루와 마늘가루를 섞어 놓아주세요.
3. 소고기를 밀가루에 잘 묻혀준뒤, 달걀물을 묻혀 달군 프라이팬 위에 올려주세요.
4. 중약불로 노릇하게 구운 후 먹기 좋은 크기로 잘라 완성해주세요.

애호박당근채소국수·크림닭소스

준비해주세요

- 애호박 ½개
- 당근 ⅓개
- 다진 닭고기 40g
- 양파 5g
- 다진 마늘 약간
- 생크림(우유 가능) 200ml
- 바질가루 약간(생략 가능)

만드는 법

1. 애호박과 당근을 7~8cm 길이, 0.5cm 두께로 길게 채 썬 듯 준비해주세요.
2. 냄비에 1을 1분 이상 데쳐주세요.
3. 프라이팬에 올리브유를 두르고 다진 닭고기, 다진 양파, 다진 마늘을 넣고 볶다가 생크림을 넣고 졸여주세요.
4. 2과 3을 넣어준 뒤 바질가루를 뿌려 완성해주세요.

닭가슴살브로콜리볶음국수

준비해주세요

- 쌀국수(모든 국수 가능) 50g(½인분)
- 다진 닭가슴살 40g
- 브로콜리 5g
- 달걀 1개
- 다진 마늘 약간
- 아기용 간장 ½큰술
- 올리브유 약간

만드는 법

1. 쌀국수를 뜨거운 물에 15분 이상 담가주거나 냄비에 4분 정도 끓여주세요. 그런 다음 아기가 먹기 좋게 잘게 잘라주세요.
2. 브로콜리는 다져주고, 달걀은 풀어주세요.
3. 프라이팬에 올리브유를 두르고, 다진 닭가슴살, 다진 마늘을 넣고 볶다가 **2**를 넣고 볶아주세요.
4. **3**에 삶은 쌀국수를 넣은 후 달걀물을 부어 볶다가 아기용 간장을 넣고 잘 섞어주세요.

꽃게찜·퀴노아밥

준비해주세요
- 생쌀 145g(종이컵 1)
- 퀴노아 1큰술(생략 가능)
- 꽃게 1마리

만드는 법

1 퀴노아쌀밥을 지어주세요.

2 꽃게를 솔로 깨끗이 씻은 후 집게다리, 더듬이를 자르고 꽃게 등이 바닥으로 가게 냄비에 넣은 뒤, 꽃게가 완전 잠길 만큼 물을 부어 뚜껑을 닫은 채로 15~20분간 쪄주세요.

3 꽃게살을 발라 잘게 자르고 퀴노아밥과 함께 비벼 완성해주세요.

TIP
- 꽃게 촉촉하게 찌는 법: 찜솥에 찌면 수분이 날아가 푸석해져요. 반드시 냄비에 물을 반 정도 붓고 등껍질을 바닥에 눕힌 채로 삶아주세요.

아기와 함께 특별하고
간단한 디너차림

연어스테이크·버터시금치·감자슬러시

준비해주세요

- 연어 40g
- 감자 50~55g(약 ½개)
- 버터 15g
- 우유 1큰술
- 시금치 30g(약 1줄)

만드는 법

1 연어는 아기가 한입에 먹기 좋게 썰어준 뒤, 팬에 버터 5g을 녹인 후, 노릇하게 구워주세요.

2 시금치를 냄비에 살짝 데쳐 찬물에 헹궈 물기를 짜준 뒤 잘게 잘라주세요.

3 팬에 버터 5g을 녹인 후, 2를 넣고 볶아주세요.

4 감자를 삶은 후 체에 곱게 내려주세요.

5 4에 버터 5g과 우유를 넣은 후 잘 섞어주세요.

6 접시에 구워진 연어, 버터시금치, 감자슬러시를 같이 올려 완성해주세요.

소고기스테이크·버터시금치· 감자슬러시

준비해주세요

- 소고기 안심(등심) 40g
- 감자 50~55g(약 ½개)
- 버터 15g
- 우유 1큰술
- 연어 40g
- 시금치 30g(약 1줄)

만드는 법

1. 소고기는 아기가 한입에 먹기 좋게 썰어 준 뒤, 팬에 버터 5g을 녹인 후, 노릇하게 구워주세요.
2. 시금치를 냄비에 살짝 데쳐 찬물에 헹궈 물기를 짜준 뒤 잘게 잘라주세요.
3. 팬에 버터 5g을 녹인 후, **2**를 넣고 볶아주세요.
4. 감자를 삶은 후 체에 곱게 내려주세요.
5. **4**에 버터 5g과 우유를 넣은 후 잘 섞어주세요.
6. 접시에 구워진 소고기, 버터시금치, 감자슬러시를 같이 올려 완성해주세요.

돼지고기돈가스·버터시금치·감자슬러시

준비해주세요

- 돼지고기 안심(등심) 40g
- 달걀 1개
- 밀가루(튀김가루) 2큰술 이상
- 빵가루 1컵
- 마늘가루 약간
- 올리브유
- 감자 50~55g(약 ½개)
- 버터 15g
- 우유 1큰술
- 연어 40g
- 시금치 30g(약 1줄)

만드는 법

1. 달걀을 풀어주세요.
2. 볼에 밀가루, 마늘가루를 넣고 우유를 부어 섞어주세요.
3. 돼지고기를 2에 잘 묻혀준 뒤, 달걀물을 묻히고 빵가루를 두른 후 약한 불에서 튀겨주세요.
4. 시금치를 냄비에 살짝 데쳐 찬물에 헹궈 물기를 짜준 뒤 잘게 잘라주세요.
5. 팬에 버터 5g을 녹인 후, 4를 넣고 볶아주세요.
6. 감자를 삶은 후 체에 곱게 내려주세요.
7. 6에 버터 5g과 우유를 넣은 후 잘 섞어주세요.
8. 접시에 돼지고기돈가스, 버터시금치, 감자슬러시를 올려 완성해주세요.

TIP

- 볼에 밀가루 마늘가루, 우유, 달걀을 풀어 한꺼번에 잘 섞어준 후 고기를 잠시 재워 뒀다가 빵가루를 묻혀 튀겨도 간편하고 맛있습니다.
- 달군 기름에 빵가루를 넣었을 때 위로 떠오르면 튀김 온도가 적당한 것입니다.
- 기름을 많이 사용하지 않아도 됩니다. 냄비나 팬에 크로켓이 반 이상 잠길 정도의 기름을 넣어 주세요. 좁은 냄비나 팬을 추천합니다.
- 약불 조절로 타지 않게 해주세요.

닭고기스테이크·버터시금치·감자슬러시

준비해주세요
- 닭고기 40g
- 감자 50~55g(약 ½개)
- 버터 15g
- 우유 1큰술
- 연어 40g
- 시금치 30g(약 1줄)

만드는 법
1 닭고기는 아기가 한입에 먹기 좋게 썰어 준 뒤, 마늘가루에 재워주세요.
2 팬에 버터 5g을 녹인 후, 닭고기를 노릇하게 구워주세요.
3 시금치를 냄비에 살짝 데쳐 찬물에 헹궈 물기를 짜준 뒤 잘게 잘라주세요.
4 팬에 버터 5g을 녹인 후, **3**을 넣고 볶아주세요.
5 감자를 삶은 후 체에 곱게 내려주세요.
6 **5**에 버터 5g과 우유를 넣은 후 잘 섞어주세요.
7 접시에 닭고기스테이크, 버터시금치, 감자슬러시를 올려 완성해주세요.

특별한 이유식

아플 때 이유식

닭죽

튼튼했던 서아가 코로나에 걸려 이틀 정도 아팠어요. 투정 없던 서아가 목이 부어서 먹지도 자지도 못하고, 하루 종일 울다 지쳐 잠이 들었어요. 가슴이 너무 아파 아기가 잘 먹을 방법을 연구했고, 해법을 찾았어요. 바로 '닭죽'입니다. 닭과 표고버섯은 최고의 궁합을 자랑합니다. 여기에 영양 만점 곰탕육수를 베이스로 하면 더욱 고소하고 맛있죠. 여기에 비밀 비법이 있는데요. 제가 좋아하는 삼계탕 맛집 따라 희다가 발견했습니다. 바로 '잣'입니다. 요리 마지막에 잣을 빻아 넣으면 아주 맛있어요. 저는 요즘도 서아의 원기 회복을 위해 일주일에 한 번씩 만들어줘요. 어른이 먹어도 좋습니다.

준비해주세요

- 불린 찹쌀 2컵
- 퀴노아 2큰술(생략 가능)
- 닭 1마리 이상(½마리도 가능)
- 건표고버섯(생표고버섯) 10g(약 2개)
- 대파 1개
- 양파 ½개
- 마늘 2개(약 6g)
- 곰탕육수(생수/우유) 1L
- 잣 2큰술
- 아기용 소금 약간

만드는 법

1 생닭을 깨끗이 씻은 후, 우유를 넣고 30분 이상 재워준 뒤, 흐르는 물에 깨끗이 씻어주세요.
2 큰 냄비에 닭을 넣은 후 불린 찹쌀, 표고버섯, 반으로 자른 파, 양파, 마늘을 넣고 곰탕육수를 부어 강한 불에서 끓여주세요.
3 끓어오르면 중약불로 줄이고 5분마다 저어주며 40분 이상 끓여주다가, 원하는 농도가 되었을 때 불을 꺼주세요.
4 잣은 절구에 빻아준 뒤, 3에다 섞어주세요.
5 익은 닭은 건져내어, 비계 및 닭껍질은 버리고 살만 발라 잘게 찢어주세요.
6 아기가 죽을 거부할 경우 약간의 아기용 소금으로 간을 하여 먹여주세요.

TIP

- 닭볶음탕용 닭을 이용하면 편리합니다. 손질 없이 바로 조리할 수 있고 고기도 더 빨리 익어 편리합니다.

아플 때 이유식

찹쌀퀴노아미음

준비해주세요

- 불린 쌀 40g(종이컵 ¼)
- 불린 퀴노아 10g(생략 가능)
- 구기자육수(생수) 500ml

만드는 법

1. 믹서기에 불린 쌀과 퀴노아 육수 100ml을 넣고 갈아주세요.
2. 냄비에 1과 남은 육수를 넣고 강한 불로 끓여주세요.
3. 끓어오르면 약한 불로 줄이고 5~10분 잘 저어주다가 알맞은 농도가 됐을 때 불을 꺼주세요.

아플 때 이유식

찹쌀퀴노아배미음

준비해주세요
- 불린 쌀 40g(종이컵 ¼)
- 불린 퀴노아 10g(생략 가능)
- 배 140g
- 구기자육수(생수) 500ml

만드는 법

1 믹서기에 불린 쌀, 퀴노아, 배, 육수 100ml을 넣고 갈아주세요.

2 냄비에 1과 남은 육수를 넣고 강한 불로 끓여주세요.

3 끓어오르면 약한 불로 줄이고 5~10분 잘 저어주다가 알맞은 농도가 됐을 때 불을 꺼주세요.

아플 때 이유식

감자우유수프

준비해주세요

- 쌀가루 20g
- 감자 40g
- 우유(분유/모유) 300ml
- 파슬리 약간(생략 가능)

만드는 법

1. 껍질 벗긴 감자는 작게 잘라 쪄준 후 으깨주세요.
2. 우유 100ml에 쌀가루를 넣고 잘 풀어주세요.
3. 냄비에 남은 우유를 붓고 **2**를 넣어 잘 끓여주세요.
4. 끓어오르면 약한 불로 줄이고, 으깬 감자를 넣고 잘 저어주세요.
5. 완성된 수프 위에 파슬리가루를 뿌려주세요.

TIP

- 치즈를 좋아하는 아기한테는 아기 치즈 1장을 올려 스프와 함께 주셔도 좋습니다.

아플 때 이유식

고구마우유수프

준비해주세요

- 쌀가루 20g
- 고구마 40g
- 우유(분유/모유) 300ml
- 파슬리 약간(생략 가능)

만드는 법

1. 껍질 벗긴 고구마는 작게 잘라 쪄준 후 으깨주세요.
2. 우유 100ml에 쌀가루를 넣고 잘 풀어주세요.
3. 냄비에 남은 우유를 붓고 **2**를 넣어 잘 끓여주세요.
4. 끓어오르면 약한 불로 줄이고, 으깬 고구마를 넣고 잘 저어주세요.
5. 완성된 수프 위에 파슬리가루를 뿌려주세요.

아플 때 이유식

단호박우유수프

준비해주세요

- 쌀가루 20g
- 단호박 40g
- 우유(분유/모유) 300ml
- 파슬리 약간(생략 가능)

만드는 법

1 껍질 벗긴 단호박은 작게 잘라 쪄준 후 으깨주세요.

2 우유 100ml에 쌀가루를 넣고 잘 풀어주세요.

3 냄비에 남은 우유를 붓고 **2**를 넣어 잘 끓여주세요.

4 끓어오르면 약한 불로 줄이고, 으깬 단호박를 넣고 잘 저어주세요.

5 완성된 수프 위에 파슬리가루를 뿌려주세요.

아플 때 이유식

찹쌀퀴노아단호박죽

준비해주세요

- 불린 찹쌀 60g
- 퀴노아 10g
- 단호박 40g
- 육수 300ml

만드는 법

1. 믹서기에 불린 찹쌀, 불린 퀴노아, 단호박, 육수 100ml를 넣고 갈아주세요.
2. 냄비에 1과 남은 육수 넣고 강한 불로 끓여줍니다.
3. 끓어오르면 약한 불로 줄이고 5~10분 잘 저어주다가 알맞은 농도가 됐을 때 불을 꺼주세요.

변비일 때 이유식

소고기아욱비트죽

서아도 가끔 변비가 왔었는데요, 아욱이 최고였습니다. 응가 색도 초록빛이고요. 요거트와 유산균을 먹어도 시원치 않았던 배변 활동이 아욱 하나로 한번에 해결되었습니다.

준비해주세요

- 불린 쌀 60g(종이컵 ⅓)
- 소고기 10g
- 아욱 30g(약 1줄)
- 비트 5g
- 육수 300ml

만드는 법

1. 소고기를 데쳐주세요.
2. 비트를 잘게 잘라 10분간 찌다가 아욱을 넣고 3분 더 쪄주세요.
3. 믹서기에 불린 쌀, 데친 소고기, 찐 비트, 찐 아욱, 육수 100ml를 넣고 갈아주세요.
4. 냄비에 3과 남은 육수 넣고 강한 불로 끓여줍니다.
5. 끓어오르면 약한 불로 줄이고 5~10분 잘 저어주다가 알맞은 농도가 됐을 때 불을 꺼주세요.

TIP

- 채소를 찌기 귀찮다면, 모든 재료를 믹서기에 갈아서 조리하셔도 문제 없습니다.

변비일 때 이유식

소고기양배추콜라비죽

준비해주세요

- 불린 쌀 60g(종이컵 ⅓)
- 소고기 10g
- 양배추 35g
- 콜라비 10g
- 육수 300ml

만드는 법

1. 소고기를 데쳐주세요.
2. 콜라비를 작게 잘라 10분간 찌다가 양배추를 넣고 5분 더 찝니다.
3. 믹서기에 불린 쌀, 데친 소고기, 찐 콜라비, 찐 양배추, 육수 100ml를 넣고 갈아주세요.
4. 냄비에 3과 남은 육수를 넣고 강한 불에 끓여주세요.
5. 끓어오르면 약한 불로 줄이고 5~10분 잘 저어주다가 알맞은 농도가 됐을 때 불을 꺼주세요.

이유식 정체기일 때

서아에게도 이유식 정체기가 찾아왔습니다. 6개월부터 시작되었던 것 같아요. 정체기가 3~4일 간격으로 두 달 정도 찾아왔어요. 하루에 한 끼밖에 안 먹는 날도 있어 너무 속상했어요. 여러 연구 끝에 많은 방법들을 찾아 시도해보고 정체기를 극복했어요. 이 방법 때문에 다행히 영유아 검진에서 항상 평균 이상을 웃돌았어요.

이정현의 이유식 정체기 노하우

- 물에 만 맨밥에 고기 또는 서양 이유식을 교차로 먹여주세요.

    가장 효과 좋았던 방법은 물에 말은 맨밥과 고기 또는 서양 이유식과 교차로 먹이는 방법입니다. 밥이 안 들어갈 뿐이지 영양 배합은 완벽합니다. 밀가루를 먹지 말라 하지만 외국은 밀가루가 주식이고 건강한 사람들도 많잖아요. 물론 저도 농약이나 표백이 걱정되어 유기농 밀가루만 사용했어요. 그리고 이후에 유기농 통호밀가루로 옮겨 더 건강하게 서양 이유식을 먹였어요.

- 밥과 반찬을 따로 만들어서 줘보세요.
- 육수 말고 그냥 물로 이유식을 해주세요.

    밥을 안칠 때 절대로 육수를 넣지 마시고, 그냥 물만 넣으세요. 아기가 육수의 감칠맛에 질렸을 수도 있어요. 밥을 먼저 맛보게 한 후, 각 반찬을 올려 줘보세요.

- 고기를 먼저 먹인 후 나중에 물에 말은 밥이나 누룽지를 주세요.

    단백질 섭취 후 탄수화물 섭취도 중요하니 반드시 고기 먼저, 그다음에 탄수화물을 먹여주세요.

- 서양식으로 식단을 바꿔주세요.
- 핑거푸드로 바꿔주세요.
- 퀴노아를 듬뿍 넣고 쌀밥을 지어 밥을 물에 말아주세요.
- 음식에 모양과 색을 넣어 흥미를 이끌어주세요.
- 노래와 음악을 바꿔가며 엄마가 즐겁게 따라 불러주면서 먹여주세요.

- 아기가 좋아하는 책이나 물건을 보여주면서 먹여주세요.
- 식사 텀을 한 시간 정도 뒤로 미뤄주세요.
- 식전에 물이나 우유 또는 간식을 주지 마세요.
- 이유식에 아기용 소금이나 아기용 맛가루, 아기용 간장을 조금 넣어 간을 해주세요.

이정현의 이유식 정체기 레시피

이유식 정체기 때, 아래의 메뉴를 시도하였더니 서아가 잘 먹었어요. 여러분들도 아래 메뉴를 이용하여 이유식 정체기를 극복해보아요.

- **단호박미음**(p.116)

  서아의 경우 아기임에도 불구하고 단 것을 잘 안 먹었어요. 특히 맛있는 고구마도요. 가끔 서아가 이유식을 질려할 때 간식 느낌으로 단호박 미음을 해줬어요. 단호박은 영양도 풍부하고 섬유소도 풍부해 즐겨 찾는 식재료였어요.

- **퀴노아흰죽과 채끝등심**(p.262)
- **팬케이크**(p.284)
- **달걀아보카도샌드위치**(p.286)
- **프렌치토스트**(p.292)
- **치즈마카로니**(p.296)
- **볼로네제파스타**(p.310)
- **콩국수**(p.322)
- **퀴노아쌀밥과 버터시금치**(p.338)
- **감자슬러시**(p.338)
- **퀴노아쌀밥과 시중에 파는 아기용 김**(혹은 양념 없이 구운 김)

퀴노아를 활용해보세요

아기가 이유식 정체기로 아예 음식을 입에 대지 않을 때, 단백질 섭취에 대한 고민이 많으실 텐데요. 앞서 소개해 드린 메뉴들을 아무리 시도해도 안 먹을 때, 퀴노아를 이용해보세요. 다들 공감하시듯, 안 먹는 아이들의 대부분이 물에 만 밥이나 흰죽은 잘 먹잖아요(혹은 완료기 아기의 경우 밥에 김을 싸주면 먹지요), 그 밥과 죽에 퀴노아를 듬뿍 섞어 주는 겁니다. 퀴노아는 향도 거의 없으며, 알갱이도 아주 얇고 작기 때문에(밥을 지으면 기다랗고 얇게 초승달 모양으로 퍼져요) 고기만큼의 단백질을 섭취할 수 있습니다(퀴노아 영양 성분 p.092).

서아도 밤새 이 때문에 아픈지 잠도 못 자고 하루 한 끼도 안 먹으려 했을 때, 이 방법으로 극복했어요. 퀴노아는 냄새도 없고 많은 단백질을 함유하고 있어서 정말 다행이었지요. 단, 채소 섭취가 부족하여 변비가 올 수 있기 때문에 입맛 없는 아기들도 잘 먹는 사과퓨레(p.148)나 아기용 요거트, 아기 치즈도 함께 먹여주세요.

의학박사 서아아빠에게 묻고 싶습니다

아기가 열날 때 대처법(해열제 종류와 복용법)

아기가 열이 나면 대부분 부모님들은 걱정이 커지며 바로 병원에 가야 하는지, 응급실에 가야 하는지, 집에서 해열제를 먹여야 하는지 고민합니다. 아기가 열이 나는 이유는 바이러스나 세균이 들어왔을 때 몸이 그것들과 싸우고 있기 때문이에요.

이유식을 먹는 나이에 열이 나는 흔한 원인으로는 감기, 장염, 편도선염, 중이염, 요로감염, 폐렴 등이 있어요. 열이 난다고 해서 바로 병원에 가야 하는 건 아니에요. 단, 다음과 같은 증상이 보이면 병원에 가서 진료받는 것이 필요해요. ① 열이 나면서 경기할 때, ② 해열제를 써도 열이 떨어지지 않을 때, ③ 39℃ 이상의 고열이 반복될 때, ④ 열이 나면서 반복적으로 토할 때.

열이 나서 2~3시간 간격으로 체온을 쟀는데 계속 열이 오르고 아기가 힘들어하면 해열제를 먹여주세요. 반드시 어린이용 해열제를 먹여야 하며, 정해진 용량을 초과해서는 안 돼요. 보통 생후 6개월 이전의 아기에게는 타이레놀 시럽을 먹이고, 6개월 이후의 아기에게는 이부프로펜(부루펜 시럽)을 먹이는 것이 일반적입니다.

해열제도 듣지 않는다면 아기 옷을 벗겨 열을 떨어뜨려야 하는데, 이마저도 안된다면 미지근한 물수건으로 온몸을 닦아내어 열을 떨어뜨려야 해요. 이때 차가운 물수건으로 닦아내면 순간적으로 열이 더 오르기 때문에 자제해주세요. 겨울에 창문을 열고 아기 옷을 벗겨 찬 바람을 쏘여도 안 돼요. 적절한 온도가 유지된 방안에서 미지근한 물을 묻힌 물수건으로 머리부터 발까지 수시로 닦아 열을 내려주세요.

아기 체온 재는 법

편하게 귀 체온계 하나만 가지고 있으면 돼요. 체온을 재기 전 반드시 소독솜이나 휴지로 체온계를 청결히 닦은 후 사용하시는 것을 추천해드려요. 생후 3개월 이전에는 항문 체온계를 사용하는 것이 좋아요. 이유는 3개월 이전의 아기는 귀 구조가 아직 성숙하지 않기 때문이에요. 겨드랑

이 체온계나 구강 체온계는 불편하고, 비접촉 체온계 또한 온도가 부정확할 때가 많아 추천하지 않습니다.

유당불내증이란

유당불내증이란, 우유 속에 들어있는 유당 성분을 분해하는 '락타아제'라는 효소가 부족할 때 나타나요. 락타아제의 분비가 충분치 못할 경우 유당이 체내로 흡수되지 못한 상태로 대장에서 발효되면서 설사와 복통 등을 유발해요. 장염을 앓고 난 뒤 일시적인 효소 결핍 때문에 유당불내증이 발생한 경우라면 장 기능만 회복되면 좋아집니다. 유당불내증이 있다고 하더라도 우유를 전혀 마실 수 없는 것은 아니고, 우유를 조금씩 여러 번 나누어 마시게 하면 증상 완화에 효과적이에요. 찬 우유보다는 따뜻한 우유를 마시고, 부드러운 시리얼이나 빵 등 다른 식품과 함께 우유를 섭취하면 소화가 수월해집니다.

장염 대처법

발열과 동시에 복통, 구토, 설사가 동반되면 장염인 경우가 많아요. 아기들이 걸리는 장염 대부분 바이러스성 장염이고, 가장 흔한 것은 로타바이러스에 의한 장염이에요. 우선 열이 나고 토하기 때문에 급한 마음에 병원에 가고 약을 먹이게 되죠. 토하고 열나는 증상은 대부분 2~3일 정도 지나면 좋아지게 되나, 이후 설사를 해요.

설사나 구토가 심할 때는 탈진이 오지 않도록 전해질 용액을 먹여주는 것이 도움이 돼요. 아기용 전해질 용액은 큰 마트나 인터넷, 약국에서 구입할 수 있으며, 단맛이 걸린다면 이유식 책에서 소개한 구기자물(육수)(p.066)이나 보리차를 수시로 먹여주는 것이 좋아요. 열이 많이 오르게 되면 열성 경련이 올 수 있으므로 해열제를 먹여야 해요. 장염은 전염되는 병이므로 손을 깨끗이 씻기고, 최대한 깨끗한 환경을 만들어 주세요. 그래도 아기의 상태가 나아지지 않을 때는 병원을 방문하여 전문 의료진의 도움을 받아야 합니다.

아기 가슴에 멍울이 잡힐 때

흔히 성조숙증으로 생각하기 쉬운 가슴 멍울은 대개 조기유방발육증인 경우가 많아요. 조기유방발육증은 1~2세 영유아에게 일시적으로 나타나는 것이 대부분이에요. 임신 과정 중에 엄마로부터 영양분을 공급받을 때, 엄마의 여성호르몬을 같이 공급받기 때문에 일시적으로 나타나는 경우가 대부분이죠. 보통 3세경 자연스럽게 증상이 완화돼요. 하지만 간혹 어떠한 특정 이유에 의해 조기유방발육증이 나타났다면, 이는 드물게 성조숙증으로 이어질 수도 있으니 3세 이후에도 가슴 멍울이 계속된다면(난소 문제, 호르몬 문제 등) 소아청소년 내분비과 진료를 꼭 받아주세요.

아기 피부 발진과 땀띠

아기는 체온 조절이 미숙하고 피부가 매우 연약하기 때문에 방 안의 습도나 온도를 잘 지켜야 해요. 건조하고 추운 겨울이나 고온 다습한 무더운 여름에 특히 신경 써야 하죠. 평균적으로 방 안 온도는 23~25℃, 습도는 50% 정도를 유지해 주세요. 여름에는 제습기나 선풍기, 에어컨을 이용하여 아기방의 온도와 습도를 맞춰주고, 겨울에는 가습기나 젖은 빨래를 널어놓는 방법 등으로 습도를 맞춰주세요.

아기 피부에 땀띠가 났을 경우, 먼저 아기 전용 세안 제품으로 땀띠가 난 부분을 씻어준 뒤, 깨끗한 수건으로 닦아주세요. 그리고 아기 전용 로션을 발라 피부에 수분을 공급해주세요. 그래도 나아지지 않는다면, 스테로이드가 들어있지 않은 연고를 발라주세요. 이 방법에도 가라앉지 않는다면, 가까운 피부과에 방문하여 아기용 스테로이드 연고를 처방받아 발라주세요. 아기 처방용 스테로이드 연고는 그 용량이 매우 극소량이므로 안심하고 아기에게 발라주어도 됩니다. 단 횟수는 반드시 의사의 지시와 처방 용법을 따라주세요.

예방접종 후 열날 때 대처법

가벼운 감기나 장염, 중이염 등을 앓고 있을 때도 예방접종은 가능해요. 그러나 38℃ 이상의 열이 나거나, 감기 증상이 심하다면 예방접종을 할 수 없는 경우도 있으니, 접종 전 소아청소년과 의사에게 진찰받는 것이 좋아요.

예방접종 후에 아기의 몸에 여러 가지 증상이 나타날 수 있는데요. 발진, 발열, 오한 등이 흔한 증상이며 접종 후 30분 정도는 아기의 상태를 유심히 살펴봐야 해요. 접종 부위가 붓는 것은 흔한 증상으로 그 정도가 심하지 않다면 얼음찜질 정도만으로 증상이 완화될 수 있어요. 열이 날 경우에도 냉찜질이나 해열제 복용으로 증상이 호전될 수 있어요. 대부분의 증상은 2~3일이 지나며 사라지지만, 고열, 설사, 구토 등의 증상이 계속된다면 반드시 병원에 가서 진찰을 받아주세요.

이 나는 순서와 시기

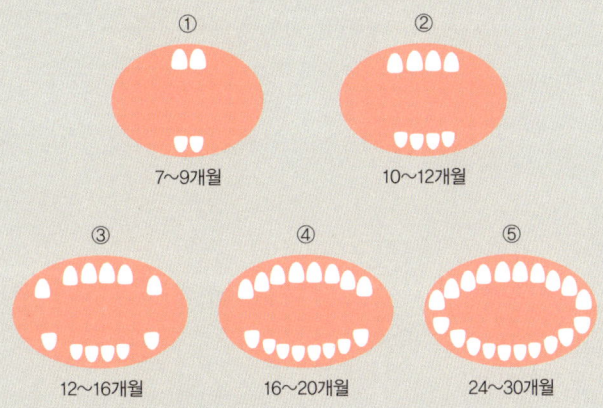

태어나서 처음 나는 치아를 유치라고 해요. 첫 유치는 보통 6개월 전후로 나옵니다. 아기들의 치아가 나오는 순서와 시기는 개인차가 있기에, 발달 시기대로 치아가 나오지 않는다고 해서 걱정할 필요는 없어요. 하지만 돌이 지나도 유치가 나오지 않는다면 소아 전문 치과에 방문하여 전문의에게 진료를 받아보시는 걸 추천합니다.

유치가 올라오는 시기, 아기가 새벽에 깨서 보채거나 침을 흘리면서 불편해하는데요. 이때 치발기나 물에 적신 시원한 거즈를 입 안에 물려주세요. 잇몸 부위를 문질러 주는 것도 도움이 됩니다. 하지만 열이 난다거나 이상 호흡 등의 증세를 보인다면 반드시 병원에 방문하여 소아전문의에게 진료를 받아보시는 것을 권해드려요.

의학박사 서아 아빠의 정형외과 진료

O자 다리, X자 다리가 걱정되시나요?

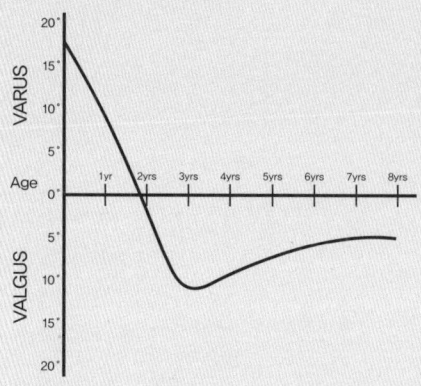

O자 다리의 정확한 용어는 '내반슬'이며 무릎이 밖으로 벌어진 것을 뜻하고, X자 다리는 '외반슬'이며 무릎이 안쪽으로 모여서 X자 모양을 보이는 것을 뜻해요. 아기의 O자 다리나 X자 다리로 정형외과를 찾게 되는 경우, "다리가 벌어졌다", "다리가 모였다", "걸음걸이가 이상하다" 등의 이유가 대부분이에요.

위의 표에서 볼 수 있듯이 신생아는 정상적으로 O자 다리를 가지고 태어나요. 그리고 18개월 정도가 되면 잘 걷기 시작하면서 점차 O자 다리가 줄어드는 경향을 보이죠. 만 3~4세 정도에는 오히려 X자 다리가 되고, 만 7~8세가 되어서야 비로소 성인의 무릎 정렬 상태를 가지게 돼요. 즉, 만 2~3세까지의 O자 다리는 병적인 것으로 볼 수 없으며, 자연스럽게 3~4세 정도에 회복이 돼요. 이 시기에는 보조기나 물리치료 등의 방법은 필요가 없어요.

그러나 3~4세까지도 O자 다리가 유지된다면, 병원에 가서 엑스레이 검사를 받으세요. 주로 이시기에 O자 다리를 유발시키는 흔한 원인은 구루병, 유아 경골 내반증, 국소 섬유연골 이형성증이 있어요. 이 중 가장 흔한 원인인 구루병의 경우 생후 6개월 이상 모유수유만을 하거나, 햇빛을 많이 쬐지 못해 나타나는 비타민D 혹은 칼슘 결핍이 원인이에요. 유아 경골 내반증의 경우 걸

음마를 빨리 시작한 아기나 비만 아기에게 발생하며, 이 경우 보조기 치료 등이 도움이 돼요. 결론적으로, O자 다리, X자 다리는 대부분 정상 발육의 일종인 경우가 대부분이며, 병적인 경우는 매우 드물어요. O자 다리, X자 다리 때문에 보조기나 물리치료가 필요한 경우는 더더욱 드물어요.

포대기 사용이 아기의 O자 다리에 영향을 주나요?

많은 분들이 포대기 사용이 아기에게 나쁜 영향을 끼친다고 알고 있어요. 특히 집안 어른들이 옛날 육아 방식대로 포대기를 해줘서 O자 다리가 된 것은 아닌지 병원을 찾아오시는 분들이 종종 있죠. 결론적으로, 포대기를 하고 업혀 있는 아기의 다리 자세는 O자 다리와 큰 연관이 없으며 오히려 고관절에 좋은 자세예요. 아기는 태어나서도 엄마 배속에 있을 때처럼 M자 자세를 유지하려고 하는데, 포대기에 업혀 있는 자세는 고관절을 벌리고 살짝 구부러진 자세가 되어 고관절 발달에 좋아요. 그러나 포대기를 올바로 착용하지 않을 경우(고관절이 충분히 벌어지지 않은 상태) 오히려 고관절 발달에 안 좋은 영향을 끼칠 수 있어 바른 자세로 착용해 주는 것이 중요해요.

밤마다 관절이 아프다고 해요, 성장통일까요?

성장통은, 만 2~10세 정도의 성장기 아동에게 특별한 이유 없이 나타나는 하지 통증을 통칭하는 단어예요. 주로 발, 발목, 종아리, 무릎 부위에 통증을 호소하며 심하게 뛰어놀고 난 날 저녁이나 밤 중에 통증을 호소하는 경우가 흔하죠. 그러나 다친 적이 있다거나, 한쪽 다리만 아파하는 경우, 자고 일어났는데도 통증이 소실되지 않고 오히려 아침에 더 아파하는 경우에는 성장통이 아닐 가능성이 높아요.

성장통은 다른 질환을 다 감별하고 나서 붙이는 진단으로, 엑스레이 검사를 통해 골절이나 탈구, 염좌 등의 외상을 감별하고, 그 외에 소아에서 발생 가능한 류마티스, 내분비, 자가면역성 질환 등을 피검사로 감별해요. 성장통은 특별한 치료는 필요치 않으며 충분한 휴식으로 대부분 소실돼요. 통증이 심한 경우에 진통 소염제 복용, 온찜질 등이 효과가 있어요.

우리 아기, 평발인가요?

많은 부모님들이 병원에 와서 하는 질문 중 하나예요. 평발이란 발바닥의 내측 종아치가 소실되어 발바닥이 편평하게 보이는 것이지만, 실제로는 발 뒤꿈치 부분은 바깥쪽으로 휘어있고, 발 앞부분도 바깥쪽으로 돌아가서 전체적으로 발이 무너진 것처럼 보여요. 결론적으로, 대부분의 유아 또는 소아 평발은 특별한 치료가 필요치 않으며 나이가 들면서 저절로 좋아지는 '유연성 평발'에 속해요. 유연성 평발이란, 서 있을 때는 무게에 의해 아치가 소실되어 평발이 되지만, 까치발을 들고 서게 하면 아치가 형성되는 것으로 쉽게 검사해 볼 수 있어요. 유아기의 평발은 통증 등의 증상이 없고, 일상생활에도 지장을 주지 않는 경우가 대부분이에요. 이후 학령기로 넘어가서 발바닥 통증이나 피로감을 호소하는 경우 깔창을 깔아주면 증상이 대부분 호전돼요. 특히 아킬레스 힘줄을 스트레칭해주는 것이 도움돼요. 아킬레스 힘줄 구축이 있거나, 깔창 등의 보존적 치료에도 호전이 되지 않는 심한 평발에 한해서 수술적 치료를 고려해 볼 수 있으나 그 빈도는 매우 드물어요.

감수자의 말

다양한 이유식 경험으로
우리 아기들의 미래 건강을 지켜요

출생 후 첫 1년 동안은 일생에서 가장 성장발달이 활발한 시기이므로 충분한 영양소 섭취가 중요합니다. 생후 6개월 정도가 되면 모유의 분비량이 줄고 철분과 같은 영양소들이 충분하지 않아 이유식을 시작하면서 식품으로부터 다양한 영양소들을 섭취하는 것이 필요합니다. '영양밀도'란 식품이 가진 열량에 대비하여 각 영양소의 함량을 나타냅니다. 육류, 가금류, 생선, 달걀은 단백질, 비타민, 무기질의 영양밀도가 높고, 콩류, 녹황색 채소, 과일은 비타민, 무기질의 영양밀도가 높아 이유식의 식재료로 추천할 수 있습니다.

이유식은 소화 기능이 미숙한 아기들이 반고형식에서 시작하여 고형식을 섭취하기 위한 훈련 식사입니다. 또한 아기들은 이유식을 먹으면서 태어나서 처음으로 다양한 맛과 질감을 경험하게 되는데, 이때 형성된 입맛이 평생 식습관의 시작이 됩니다. 여행을 하면서 평소에 접하지 않았던 다양한 맛의 음식을 접하게 되는데, 어떤 이들은 새로운 맛을 정말 맛있게 즐기는가 하면, 어떤 사람들은 질색하고 익숙한 맛만 먹으려 합니다. 우리의 혀에는 5가지 종류의 미각 수용체(taste receptor) 단백질들이 있어 단맛, 쓴맛, 짠맛, 신맛과 감칠맛을 느낄수 있습니다. 미각 수용체가 발달하는 시기에 아기들은 다양한 맛과 질감의 이유식을 경험하면서 편식 없는 건강한 식습관을 갖게 될 수 있습니다.

『이정현의 궁중 이유식』은 아기를 궁중 이유식으로 귀하게 키우고 싶은 부모의 마음을 담은 책입니다. 이 책에는 살찌지 않으면서도 필요한 영양소들이 충분히 공급되는 영양밀도가 높은 이유식, 건강하고 두뇌 발달에 효과적인 이유식, 편식을 예방하는 다양한 맛의 이유식들이 소개되어 있습니다. 특히 이유식은 생후 6개월 정도에 시작해서 이후 6개월 이상이 걸리는 긴 과정이고, 가족들의 식사 외에 따로 준비해야 하는 만큼 준비 과정이 복잡하고 시간이 많이 걸리면 처음에는 의욕적으로 시작한 부모들도 지치게 됩니다. 저자는 육아에 지친 부모들이 손쉽게 요리할 수 있도록 기본 이유식을 소개해주고 식재료를 바꾸어 활용할 수 있도록 하였고, 조리 시 저자의 실제 경험이 녹아있는 팁을 꼼꼼하게 설명하고 있습니다.

대학생들과 함께 생활하면서 느끼는 것은 예전에 비해 신체 조건이 매우 좋아졌다는 것입니다. 일례로 중년의 또래 친구들 사이에서 딱 중간이었던 내 키가 엘리베이터를 타면 학생들 틈에서 제일 작은 경우가 많습니다. 아마도 그 이유는 요새 학생들의 영양섭취 상태가 좋아지면서 신장이 훨씬 커졌기 때문일 것으로 생각됩니다. 우리 아기들이 자라서 건강하고 좋은 체격을 갖기 위한 첫걸음이 이유식에서 출발하는 만큼 『이정현의 궁중 이유식』이 많은 부모님들에게 큰 도움이 되길 바랍니다.

영양학박사 **김양하**

신체발육 표준치

남자				만나이 (개월/세)	여자			
신장 (cm)	체중 (kg)	체질량지수 (kg/m²)	머리둘레 (cm)		신장 (cm)	체중 (kg)	체질량지수 (kg/m²)	머리둘레 (cm)
49.9	3.3		34.5	0개월	49.1	3.2		33.9
54.7	4.5		37.3	1개월	53.7	4.2		36.5
58.4	5.6		39.1	2개월	57.1	5.1		38.3
61.4	6.4		40.5	3개월	59.8	5.8		39.5
63.9	7.0		41.6	4개월	62.1	6.4		40.6
65.9	7.5		42.6	5개월	64.0	6.9		41.5
67.6	7.9		43.3	6개월	65.7	7.3		42.2
69.2	8.3		44.0	7개월	67.3	7.6		42.8
70.6	8.6		44.5	8개월	68.7	7.9		43.4
72.0	8.9		45.0	9개월	70.1	8.2		43.8
73.3	9.2		45.4	10개월	71.5	8.5		44.2
74.5	9.4		45.8	11개월	72.8	8.7		44.6
75.7	9.6		46.1	12개월	74.0	8.9		44.9
76.9	9.9		46.3	13개월	75.2	9.2		45.2
78.0	10.1		46.6	14개월	76.4	9.4		45.4
79.1	10.3		46.8	15개월	77.5	9.6		45.7
80.2	10.5		47.0	16개월	78.6	9.8		45.9
81.2	10.7		47.2	17개월	79.7	10.0		46.1
82.3	10.9		47.4	18개월	80.7	10.2		46.2
83.2	11.1		47.5	19개월	81.7	10.4		46.4
84.2	11.3		47.7	20개월	82.7	10.6		46.6
85.1	11.5		47.8	21개월	83.7	10.9		46.7
86.0	11.8		48.0	22개월	84.6	11.1		46.9
86.9	12.0		48.1	23개월	85.5	11.3		47.0
87.1	12.2	16.0	48.3	2세	85.7	11.5	15.7	47.2
91.9	13.3	15.8	48.9	2세 6개월	90.7	12.7	15.5	47.9
96.5	14.7	15.9	49.8	3세	95.4	14.2	15.8	48.8
99.8	15.8	15.9	50.2	3세 6개월	98.6	15.2	15.7	49.3
103.1	16.8	15.9	50.5	4세	101.9	16.3	15.7	49.6
106.3	17.9	15.9	50.8	4세 6개월	105.1	17.3	15.7	49.9
109.6	19.0	15.9	51.1	5세	108.4	18.4	15.7	50.2
112.8	20.1	16.0	51.4	5세 6개월	111.6	19.5	15.8	50.6
115.9	21.3	16.0	51.7	6세	114.7	20.7	15.8	50.9
119.0	22.7	16.2		6세 6개월	117.8	22.0	15.9	
122.1	24.2	16.4		7세	120.8	23.4	16.1	
127.9	27.5	16.9		8세	126.7	26.6	16.6	
133.4	31.3	17.6		9세	132.6	30.2	17.2	
138.8	35.5	18.4		10세	139.1	34.4	17.8	
144.7	40.2	19.1		11세	145.8	39.1	18.5	
151.4	45.4	19.8		12세	151.7	43.7	19.1	
158.6	50.9	20.3		13세	155.9	47.7	19.7	
165.0	56.0	20.8		14세	158.3	50.5	20.3	
169.2	60.1	21.2		15세	159.5	52.6	20.8	
171.4	63.1	21.6		16세	160.0	53.7	21.0	
172.6	65.0	21.9		17세	160.2	54.1	21.1	
173.6	66.7	22.3		18세	160.6	54.0	21.0	

- 표준치는 2017 소아청소년 성장도표 50백분위수 값을 의미 • 2세 미만(0~23개월)의 신장은 누운 키, 이상의 신장은 선 키로 측정

출처: 질병관리청, 〈2017 소아청소년성장도표〉, 신체발육 표준치 포스터

건강하고 특별한 우리 아이 첫 밥상
이정현의 궁중 이유식

초판 1쇄 발행 2023년 8월 18일

지은이 이정현
펴낸이 민혜영
펴낸곳 (주)카시오페아 출판사
주소 서울시 마포구 월드컵북로 402, 906호 (상암동 KGIT센터)
전화 02-303-5580 | **팩스** 02-2179-8768
홈페이지 www.cassiopeiabook.com | **전자우편** editor@cassiopeiabook.com
출판등록 2012년 12월 27일 제2014-000277호

사진 방문수 | **어시스턴트** 홍기연
푸드스타일링 김가영, 권민경, 이도화, 고명진 그리고 이정현

ⓒ이정현, 2023
ISBN 979-11-6827-137-1 13590

이 책은 저작권법에 따라 보호받는 저작물이므로 무단 전재와 무단 복제를 금지하며, 이 책의 전부 또는 일부를 이용하려면 반드시 저작권자와 (주)카시오페아 출판사의 서면 동의를 받아야 합니다.

- 잘못된 책은 구입하신 곳에서 바꿔드립니다.
- 책값은 뒤표지에 있습니다.